多文化社会で多様性を考える
ワークブック

有田佳代子・志賀玲子・渋谷実希〔編著〕

新井久容・新城直樹・山本冴里〔著〕

研究社

はじめに

　2020年の東京オリンピック・パラリンピックを控えて、日本社会の多言語化が進められています。また、日本は「観光立国」を目指し、2020年には4000万人、2030年には6000万人の訪日観光客数を目標としています。そして、コンビニや飲食店などの外国人の店員さんをはじめ、学校の友人として、地域の隣人として、職場の同僚として、文化的背景が異なる人たちを身近に感じ、ともに暮らしていくことは日常になりました。

　一方、こうした日本社会の国際化・多文化化の流れとは裏腹に、一見平和に見えるこの社会には、一皮めくると、民族や国籍の違う人たちに対するヘイトスピーチ・ヘイトクライムなどの現象が現われます。また、家庭の中や仲間内の軽い冗談のようなかたちで、「お茶の間での差別発言」「カジュアルなレイシズム」などと呼ばれるような現象が、不意に出現してしまうこともあります。ユネスコ憲章の前文には、「戦争は人の心の中で生まれるものであるから、人の心の中に平和のとりでを築かなければならない」とありますが、このように小さな、無意識の悪意もまた、この社会を戦争に進ませる「小さな芽」と言えるかもしれません。そしてその「芽」は、大きなものも小さなものも、日本だけでなく世界中に存在してしまうのです。

　本書の執筆者は、全員が「日本語教師」であり、日本語を母語としない人たちへの日本語教育を専門の一つとしています。日本社会のマイノリティである外国人学習者と日々接していて、彼らが往々にしてもつ被差別感や疎外感が痛切に伝わってくることがあります。一方で、日本語学習者たちの中にも、民族や宗教が違う人びとに対する先入観だけでなく、障がいをもつ人、性的指向が自分とは違う人、経済的に恵まれない人などに対するあからさまな偏見があると感じる瞬間があります。

　自分とは違う価値観をもつ人びとや、あまりなじみのない環境から来た人びとのことを、こわいと思ったり避けたいと思ったりするのは、本能的なことかもしれません。また、自分のいる環境にあまりにもストレスが多いとき、自分よりも立場が「弱い」人がいると思うことによって、安心したり気持ちが楽になったりするという、悲しい側面がわたしたち人間にはあるのかもしれません。だから、だれもが「差別や偏見は悪い」とわかっていながら、それがこの世界から今もなくならないのかもしれません。

　しかし、だからと言って、「どこにでもあることだからしかたがない」「それが世の常だから」と、あきらめて思考停止してもいいでしょうか。たとえば、その矛先が、自分や自分の家族や身近の大切な人たちに向けられたものであったとき、「しかたがない」とあきらめることができるでしょうか。

　わたしたちは、そのままではいけないと考えました。上で見たような社会の分断と対立を、暴力ではなく「対話」によって解決していこうとする意欲と、そのために必要な最低限の知識

と、さらに多様性を受容するためのスキルトレーニングが必要だと考えました。そして、わたしたちが関係する教育の現場こそ、公正な社会を創っていく市民としてのトレーニングの場にふさわしいと考え、そうした場にしたいと願いました。

したがって本書では、さまざまなバックグラウンドをもつ人びとがすでに一緒に生きるこの社会で、以下のようなトピックについて、仲間と考えを伝え合いながら理解を深め、あらためて「多様性」について考えるワークをそろえました。

第1部は、自分の「あたりまえさ」や「常識」が、他の人びとにとってはそうではない可能性があることに気づいていく活動です。そして、それぞれの文化や価値観への寛容と同時に、「みんな違ってみんないい」という考えの落し穴についても考えます。

第2部では、社会にある差別や偏見について、直接考えていきます。自分が標的になるまで理不尽さを認識できない無関心さを克服し、「もし自分だったら」という想像力をもち、生活の具体的な場面での行動につなげていくことができるようなワークです。

第3部は、言語の平等性について考えます。英語をはじめとした特権的な言語が伝搬する構造を理解したうえで、すべての言語は平等だという認識について考えていきます。複雑な言語環境下で育つ子どもの言語習得、「やさしい日本語」、手話、複言語主義、方言などについて、理解を深めていきます。

そして、第4部では、あたたかい教室風土をつくり対話を促すアイスブレイクやゲーム、ワークを紹介します。使用可能なすべての方法を用いてコミュニケーションしようとする意欲とスキルを伸ばし、視線や態度を含め熱心に聞く力、相手の言語能力に合わせて自身の能力を調整できるスキルを楽しみながら身につけます。

本書は、異文化間教育や多文化共生論などの科目のテキストとして使っていただくことを目指しています。執筆者全員が日本語教育／言語教育にかかわっているので、日本語教員養成、地域日本語支援活動、あるいは英語教員を含む外国語教員養成のためのクラスでの使用も想定しています。日本語クラス（上級かと思いますが）や、中学生や高校生向けの副教材としても使えるでしょう。また、国際交流や多文化主義、複言語複文化主義に関心をもつ市民や、その研修・生涯教育を担当する方にも活用していただけると思います。外国籍住民とかかわる機会の多い自治体職員、外国人介護福祉士・看護師を受け入れている病院や施設の関係者、海外ルーツの子どもを受け入れている教育機関関係者の皆さんにも、使っていただけるを願います。

盛り込んだトピックは多岐にわたり、社会全体を広く鳥瞰的に理解すること、そして「ワークブック」として学習者の皆さんに主体的に考え検討し考えつづけてもらうことを、重視しました。そのことは一方で、本書で示したごく基本的な情報で、まずは関心や興味をひき、さらなる知識や情報を今後は学習者の皆さんに主体的に獲得していってもらう、その契機となることを企図しています。先生方には、Web上の「授業実践のヒント（教師用参考資料）」も合わせてご使用いただきたいと思います。

そして、強くお伝えしておきたいことは、当然のことながらわたしたち6人の執筆者全員に、それぞれの思想や価値観があり、それ自体も「うのみ」にせず議論の俎上のものとしてほしいということです。本書では、上述のとおり、学習者の皆さんに「考えて」「検討して」「考えつづけて」もらう契機になることが当面の目的です。したがって、断定的な知識の押しつけをできるだけ避け、学習者の皆さんの主体的な思考を促すような工夫をしながら執筆してきました。けれども、そこにはやはりわたしたち執筆者の思想や価値観が間違いなく反映しています。ですので、本書を使っていく中で、ご自分の体験や生活感覚の中で気づいた具体的な反論や「ちょっと違う」と思う点を、ぜひクラスの仲間とともに議論してほしいと願っています。

　最後に、本書を出版するにあたって、ご助言、ご協力をいただいたすべての方に、この場を借りて厚くお礼を申し上げます。そして、本書を世に送り出してくださった、研究社の濱倉直子さん、津田正さんに、心からの感謝のことばを申し上げます。

2018年11月
編著者一同

目　次

はじめに ………………………………………………………………………………… iii

第1部　異なりを考える …………………………………………………………… 1

- 第1章　郷に入っては郷に従え？　―異文化間ソーシャルスキル― ……………… 2
- 第2章　心が広いってどういうこと？　―寛容性― …………………………………… 8
- 第3章　言いにくいことをどう伝える？　―アサーション・トレーニング― …………… 16
- 第4章　えっ？　あなたはこう思わないの？　―ビジネスでの異文化接触― ………… 26
- 第5章　「○○人」ってだれのこと？　―「日本人」・「外国人」― ……………………… 33
- 第6章　あなたにとっての「カミ」とは？　―宗教観― …………………………… 41

第2部　差別とその感情を考える ……………………………………………… 49

- 第7章　悪気はなかったんだけど…　―マイクロ・アグレッション― ………………… 50
- 第8章　今のあなたはどういう立場？　―マイノリティとマジョリティ― ……………… 56
- 第9章　みんなが暮らしやすく！　―ユニバーサルデザイン― ……………………… 62
- 第10章　自分の家の近くはだめ？　―沖縄― ………………………………………… 70
- 第11章　ひとくくりはあぶない！　―ステレオタイプ― ……………………………… 76
- 第12章　国って愛さなきゃいけないの？　―ナショナリズム― ……………………… 83

第3部　言語間の平等を考える ………………………………………………… 91

- 第13章　「ことばができる」ってどんなこと？　―国境を越える子どもの言語習得― …… 92
- 第14章　わかりやすく伝えよう！　―やさしい日本語― ……………………………… 100
- 第15章　にぎやかな、音を使わない言語　―手話― ………………………………… 107
- 第16章　英語だけでいいですか？　―英語一極集中の功罪― ……………………… 114
- 第17章　いくつもの言語とともに　―複言語主義― ………………………………… 120
- 第18章　軍隊を持つ方言って？　―言語バリエーション― ………………………… 126

vii

第4部 ミニワーク －ちょっとした気づきのために－ ……… 135

1 アイスブレイク －氷を溶かそう！－ ……… 137
- 1-1 増える自己紹介 ……… 138
- 1-2 あなたはどっち派？ ……… 139
- 1-3 仲間を探そう ……… 140
- 1-4 聞こう話そう ……… 141

2 ダイバーシティに気づこう！ ……… 143
- 2-1 いろいろなあいさつ ……… 144
- 2-2 プレゼントゲーム ……… 145
- 2-3 わたしの大切 ……… 146
- 2-4 食品ピクトグラム ……… 148
- 2-5 タイムゲーム ……… 150

3 自分の価値観を客観視しよう！ ……… 151
- 3-1 ○○らしさ ……… 152
- 3-2 学校の先生になろう ……… 154
- 3-3 代表選考委員会 ……… 156
- 3-4 常識ってなんだろう？ ……… 159
- 3-5 「中立的なことば」って何？ ……… 160

索引 ……… 165
編著者紹介 ……… 166

第1部 異なりを考える

第1章

郷に入っては郷に従え？

異文化間ソーシャルスキル

● ウォーミングアップ 1

1. 次のうち、あなたがふだんしていること、心がけていることに○をつけてください。
（Aの欄に書きましょう）

	A	B
① 自己紹介の場面では、名前や所属先などを簡潔に、少しあらたまった態度で話す。		
② 初対面の人と話すときは、自分の話をするより、相手について質問する。		
③ 授業中、教師から指名されたときには答えるが、自分から手を挙げて発言はしない。		
④ 購入後 少し時間が経った商品に不具合が見つかった場合、特に何もしない。		
⑤ 困ったことやわからないことがあるとき、なんとか自分の力で解決しようとする。		
⑥ インフォーマルな場面の自己紹介では特に、ジョークを交えて印象づける。		
⑦ 初対面の人と話すときは、相手について質問するより、自分の話をして自己開示する。		
⑧ 授業中、意見や反論があるときは、自分から手を挙げて発言する。		
⑨ 購入後 少し時間が経った商品に不具合が見つかった場合、店に交渉して交換してもらう。		
⑩ 困ったことやわからないことがあるとき、上司や教師に積極的に相談する。		

2. 同じ項目で、海外や異なる文化圏など、違う環境へ行ったときに気をつけることに○をつけてください。（Bの欄に書きましょう）

3. AとBで○がついた箇所は同じでしたか、違いましたか。どこが変わりましたか。
　　同じ　／　違う
　　［違った場合、変わった箇所］＿＿＿＿＿＿＿＿＿＿＿＿＿＿＿＿＿＿＿＿＿＿

4. 3で「違った」と答えた人は、なぜ変わっているのでしょうか。考えたあとにグループで話し合いましょう。

「ソーシャルスキル」ということばは、多くの研究者によってさまざまな定義がなされていますが、佐藤・相川(2005)は、「対人関係の目標を達成するために、言語的・非言語的な対人行動を適切かつ効果的に実行する能力」と言っています。たとえばコミュニケーションの相手の表情から感情を読み取ること、人の話に途中で割り込まず最後まで聞くこと、自分の感情をコントロールしながらことばや態度を選び反応することなど、ことば、動作、ふるまいなどを含めた、人づきあいの方法です。これを知って使うことができれば、人とある程度適切に、また効果的に関係が築けると考えられます。

ウォーミングアップ 2

1. 「日本語がおじょうずですね」と外国人留学生をほめたら、その人が「ええ。毎日勉強していますから、じょうずになりました」と答えた場合、あなたは違和感を覚えますか。

    違和感を覚える ／ 覚えない

2. 外国人の友だちがあなたの家で、何も言わずに勝手に冷蔵庫を開けてジュースを飲んだとします。あなたはどのように感じますか。

    _____
    _____

さて、上で紹介したソーシャルスキルですが、どこの社会や文化でも同じものがよしとされるのでしょうか。

おそらく日本に住んでいる皆さんの多くは、 ウォーミングアップ 1 の1では、①〜⑤に○をつけたのではないでしょうか。一方、⑥〜⑩は、「アメリカの文化や社会で期待されるような人付き合いの要領」のスキルとして挙げられています(高濱・田中 2012)。

ウォーミングアップ 2 の1のようにほめられたとき、日本人は「いえいえ、まだまだです」と謙遜する人が多いのではないでしょうか。冷蔵庫の例はどうでしょう。日本だと、友だちでも冷蔵庫は勝手に開けない、という人が多いようですが、「友だちならば当然、持っている物を分け合うのが普通で、いちいち許可を取るほうが他人行儀で寂しい」と感じる文化もあります。

人はひとりひとり性格も考え方も好みも違うものですが、社会や文化をおおまかに分けると、それぞれに期待されるソーシャルスキルがあることがわかってきました。そこで、ある文化圏では人とつきあう際にどのような行動やコミュニケーションがよいとされているのかという、**「異文化間ソーシャルスキル」**の学習が役立つわけです。

● 考えましょう 1

1. 次のうち、海外で生活していた高校生が日本に帰国したあと、やめた習慣（A）、新しく身につけた習慣（B）はどれでしょうか。（参考：中西 1989）

    ①「ごめんね」とすぐに謝る　［　A　／　B　］
    ② 人の目を見て話す　［　A　／　B　］
    ③ レディファースト　［　A　／　B　］
    ④ トイレに集団で行く　［　A　／　B　］
    ⑤（女の子が）男の子をファーストネーム（名字でなく名前）で呼ぶ　［　A　／　B　］
    ⑥ 何でも急いでする。速く歩く。　［　A　／　B　］
    ⑦ 質問をする。不満を訴える。　［　A　／　B　］

2. 次の設問について考えてみてください。
    ① 高校生がこのように習慣を変えたのは、どのような理由からでしょうか。
    _____
    _____

    ② あなたはこの結果をどう思いますか。
    _____
    _____

    ③ 異文化圏などでソーシャルスキルの違いを感じたことがなかったか、思い出してみましょう。
    _____
    _____

3. 書き終わったら、ペアやグループで意見を交換しましょう。

● 考えましょう 2

あなたの所属グループに外国人が入ってきました。その人は、次のような主張をしています。

・わたしは日本語が全くわからないので、できるだけ英語で話してください。
・皆さんは制服を着ていますが、わたしの服装は自由にしてほしいです。
・それから、なにか作業をするときには、グループやメンバーで協力するのではなく、役割を明確に分け、各自が自分の担当のみに力を入れるべきではないでしょうか。

これに対し、2つの意見が出てきました。

確かにわれわれもグローバルな考え方に変わらなければいけない！これを機に日本人も日本語を使わず、英語を使うルールにしよう。
制服はやめて、私服に変えよう。
すべての作業を分担制にして、それぞれの役割に責任をもつようにしよう。

「郷に入っては郷に従え」ということばのとおり、ここで活動する以上はだれでもルールを守るべきだ。
今までの規則ややり方は変えず、彼／彼女には日本語をしっかり勉強してもらうことにしよう。

1. あなたはA、Bどちらの意見を支持しますか。あるいは違う考えですか。それはどのような理由からですか。

   A ／ B ／ [違う考え]

   [理由]

2. 「郷に入っては郷に従え」ということばについて、そのとおりだと思った経験がありますか。あるいはそのような考えはおかしいと思った経験がありますか。どのような経験ですか。

   [経験の内容]
   [そう思った理由]

3. 書き終わったら、グループで意見を共有しましょう。

　異文化間ソーシャルスキルを知り、身につけておくことは、異なる文化に行った際、対人関係での衝突を防ぐ手立てになり、良好な人間関係を築くことにも役立ちます。ですがはたして、少数派（新参・被征服者）が多数派（古参・征服者）に合わせることだけが正しいのでしょうか。たとえば日本に暮らす外国人は、日本人と同じようにふるまい、「日本人」と同じになることが目標なのでしょうか。ここで、さまざまな文化をもつ人びとが共に生きていくという考え方について確認しておきましょう。

　岡本（2010）の分類では、移民や少数民族が、多数派社会の言語や文化的価値を受け入れるとともに、みずからの文化・言語を失っていく過程を「**同化**（assimilation）」と言っています。それに対し、移民、外国人、少数民族も含めて諸集団の文化、言語、価値観などを対等とみなす考えを「**多文化主義**（multiculturalism）」と言っています。

「同化」はたとえば、日本に住んでいる外国人や少数民族が自分の母語ではなく、共通語とされている日本語を話し、日本の習慣や価値観を身につけ、日本人と同じようになっていくことです。大きな(強い)集団から小さな(弱い)集団に対する「郷に入っては郷に従え」の考え方ですから、小さな集団は、本来もっていた文化や言語を失ったり、あるいは取り上げられたりすることになります。

　一方、「多文化主義」は、少数民族や移民などの文化的アイデンティティを認める立場です。たとえばカナダでは、「民族や人種の多様性を尊重し、すべての人が平等に社会参加できるような国づくりを目指す」ことを目標に掲げ、1971年に世界で初めて「多文化主義政策」を導入しました。現在カナダには200を超える民族が暮らしており、日常的にさまざまな言語が使われ、40種類以上の言語で新聞や雑誌が発行されているそうです(外務省サイト)。一つの国でありながら、その中にさまざまな言語、文化、習慣が混在しているわけです。

●考えましょう 3

1. もしあなたの町に、違う都市や外国から多くの人が引っ越してきた場合、「同化」と「多文化主義」のどちらを望みますか。あるいは別の方法を望みますか。理由も考えてください。
   同化　／　多文化主義　／　[別の方法]＿＿＿＿＿＿＿＿＿＿＿＿＿＿＿＿＿＿＿＿＿
   [理由]＿＿＿＿＿＿＿＿＿＿＿＿＿＿＿＿＿＿＿＿＿＿＿＿＿＿＿＿＿＿＿＿＿＿＿＿

2. 自分が異文化で生活する場合、「同化」と「多文化主義」のどちらを望みますか。あるいは別の方法を望みますか。それはどうしてでしょうか。
   同化　／　多文化主義　／　[別の方法]＿＿＿＿＿＿＿＿＿＿＿＿＿＿＿＿＿＿＿＿＿
   [理由]＿＿＿＿＿＿＿＿＿＿＿＿＿＿＿＿＿＿＿＿＿＿＿＿＿＿＿＿＿＿＿＿＿＿＿＿

3. 「同化」と「多文化主義」を社会に取り入れた場合のそれぞれのよい点、よくない点について考えてみましょう。

	よい点	よくない点
同化が進んだ場合		
多文化主義が進んだ場合		

衝突を未然に防ぐため、また相手を不快にさせないために異文化間ソーシャルスキルを知っておくことは有効でしょう。ですがそれにとらわれすぎるのではなく、選択肢の一つとして使えるとよいのではないかと思います。どのようなコミュニケーションが望ましいのか、その正解は一つではないからです。

●まとめ

この章で考えたことや気づいたことをメモし、自分のまとめも書いておきましょう。

●参考文献・サイト

岡本耕平(2010)「多文化共生をめぐるいくつかのキーワードと日本の状況」『中部圏研究』No.171, pp.19-24, 中部圏社会経済研究所.

佐藤正二・相川充(編)(2005)『実践！ソーシャルスキル教育　小学校──対人関係能力を育てる授業の最前線』図書文化社.

高濱愛・田中恭子(2012)「米国留学前ソーシャルスキル学習セッション受講生の留学生活──対人行動と対人関係を中心に」『異文化コミュニケーション研究』第24号, pp.41-63, 神田外語大学.

中西晃(1989)『中・高校生の国際感覚に関する研究報告書──青少年時代の異文化体験が人格形成に及ぼす影響』東京学芸大学海外子女教育センター.

外務省「わかる！国際情勢」Vol.38,「多文化主義と多国間主義の国, カナダ」．http://www.mofa.go.jp/mofaj/press/pr/wakaru/topics/vol38/index.html（2018年7月3日確認）

第2章

心が広いってどういうこと？

寛容性

●ウォーミングアップ 1

1. 次の項目についてどう思いますか。「全く間違っていると思う／認められない(1)」から、「全く正しいと思う／認められる(10)」まで、あてはまる数字に〇をつけてください。

	全く間違っている				どちらとも言えない					全く正しい
① 年金などの不正受給	1	2	3	4	5	6	7	8	9	10
② 不正乗車	1	2	3	4	5	6	7	8	9	10
③ 脱税	1	2	3	4	5	6	7	8	9	10
④ 仕事に関連する賄賂	1	2	3	4	5	6	7	8	9	10
⑤ 売春	1	2	3	4	5	6	7	8	9	10
⑥ 自殺	1	2	3	4	5	6	7	8	9	10
⑦ 同性愛	1	2	3	4	5	6	7	8	9	10
⑧ 人工妊娠中絶	1	2	3	4	5	6	7	8	9	10
⑨ 離婚	1	2	3	4	5	6	7	8	9	10
⑩ 安楽死	1	2	3	4	5	6	7	8	9	10

(出典 World Values Survey)

上は「世界価値観調査」という調査項目の一例です。世界の人びとが道徳的に、あるいは社会文化的、政治的にどういった価値観をもっているのかを調査したものです。どういったことが許容しがたく、反対にどういったことが許容できると感じているかなどを調べています。

2. 1981年から2005年までの日本におけるこの調査で、許容度が高いもの(平均値が5より上の項目)はどれだと思いますか。反対に、許容できないもの(平均値が5より低い項目)はどれでしょうか。また、1990年以降許容度が急激に上がった項目はどれだと思いますか。考えてみてください。

　　許容度が高いもの：
　　許容度が低いもの：
　　急激に上がったもの：

下のグラフを見てください。

様々な行動に対する寛容性得点の平均値とその時代変化（石原(2012)より）

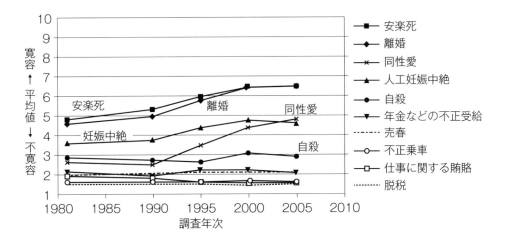

　アメリカの経済地理学者であり都市経営学者でもあるリチャード・フロリダによると、都市経済の発展のためには、「**寛容性**」が不可欠な条件だそうです。なぜなら、「寛容性」をもった都市にはクリエイティブな人材を惹きつける力があるからです。言い換えると、多様な人や考え方を受け入れるオープンな雰囲気が、新しい産業を作り出そうとする人びとに魅力的に映り、彼らを引き寄せるからだと考えられています。

　リチャード・フロリダは2000年ごろ、アメリカの成長産業が集まる都市圏の特徴をつかむため、国勢調査の統計を分析しました。その結果、最も相関が高かったのは、都市人口に占める同性愛カップルの割合であり、2番目が作家や音楽家などの芸術家、3番目が外国生まれの人びとでした。これは彼らが成長産業で働いているという理由ではなく、ランキング上位の都市がもつ、多種多様な人を受け入れる「寛容性」のためだと分析しています。同性愛に対する偏見がなく、人はそれぞれ違ってあたりまえだと考える寛容な社会だからこそ成長できるのだと考えられるわけです（フロリダ 2008）。

　そもそも人を好きになる気持ちをだれかに許してもらう必要があるのかという問題はありますが、日本において同性愛のとらえ方が「間違っている」から「間違っているとは思わない」へと変化していることは事実です。そして上の分析を参考にすれば、社会の中での相互理解が進み、寛容な社会になりつつあると言えそうです。確かに海外ルーツの住民も増え、生活や文化も多様化していますし、わたしたちひとりひとりが違う人間なのですから、さまざまな背景をもった人たちと協力しながら暮らしていこうという気持ち（＝寛容性）をもつことは、とても大切なことでしょう。

●ウォーミングアップ 2

今の日本の社会について、どう思いますか。次の文を読み、自分の考えに近いものに✔を入れてください。

	そう思う	そう思わない	わからない
① 他人の過ちや欠点を許せる寛容な社会だ			
② 自分と意見や立場が異なる人を認める寛容な社会だ			
③ 心にゆとりを持ちにくい社会だ			
④ いらいらすることが多い			
⑤ 自分のことばかり考えている人が多い			
⑥ ほかの人種や民族に対する差別がある			

●考えましょう 1

●ウォーミングアップ 2 の質問は、2016年にNHKが全国18歳以上の男女2,811人を対象に行なった調査項目で、以下のような結果になりました。

	そう思う	そう思わない	わからない
① 他人の過ちや欠点を許せる寛容な社会だ	41%	46%	13%
② 自分と意見や立場が異なる人を認める寛容な社会だ	44%	42%	14%
③ 心にゆとりを持ちにくい社会だ	62%	31%	7%
④ いらいらすることが多い	66%	26%	8%
⑤ 自分のことばかり考えている人が多い	71%	21%	8%
⑥ ほかの人種や民族に対する差別がある	49%	38%	13%

(NHK「データで見る不寛容社会」より)

1. あなたはどういうときに「日本の社会はあまり寛容ではない」「自分のことばかり考えている人が多い」「ほかの人種や民族に対する差別がある」などと感じますか。

_____

_____

　実は今、世界中で、自分と異なる意見への攻撃や人種間の差別など、社会の「不寛容」が問題になっています。それは、「**ゼノフォビア**(外国人への嫌悪)」や「**エスノセントリズム**(自己の属する集団のもつ価値観を中心に考えること)」などの傾向が強くなっているからだと言われています。では、そのような考え方の背景にはどんなことがあるのか見てみましょう。

ある国に、多くの外国人が移り住んできました。今まで住んでいた人とは生活のしかたもことばも違うので、なかなかうまくコミュニケーションがとれません。また、これまで住民が大切にしてきた行事や決め事などを守らないため、たびたびもめごとが起き、街の雰囲気もすっかり変わってしまったようです。この土地に昔から住んでいた人はどのように思うでしょうか。

このように、人は自分が「当然だ」と信じてきた常識や枠組からはずれた言動を、なかなか理解できません。それが少しずつ、違和感や嫌悪感になっていくのです。しかし、移り住んできた外国人にとって、自分の知っている常識とは違うこの土地のルールは、とてもおかしなものかもしれません。このようなずれから、理解への努力を放棄したり、互いを嫌悪したりする不寛容が生まれると考えられます。

2. これまで、新しい人を受け入れるときや、自分が新しい場所へ行ったときに、ルールや習慣の違いにとまどったことがありますか。また、違う所から来たという理由でいやな目にあったことがありますか。そのような経験があれば話してください。

_____
_____
_____
_____

●考えましょう 2

次の状況について、あなたはどう思いますか。また、当事者はどう思っているでしょうか。いろいろなパターンを考えて、吹出しにことばを書きましょう。書いたら、ペアかグループで共有しましょう。

1. あなたの家の近くに新しく保育園ができることになったのですが、近隣から「うるさくなる」と反対意見も出ています。

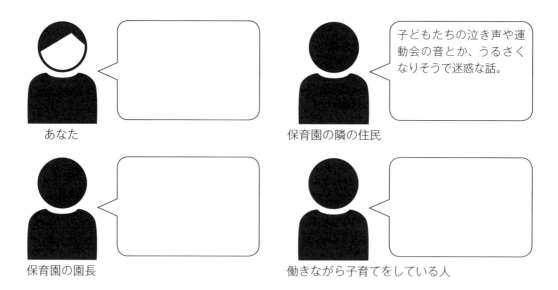

あなた / 保育園の隣の住民：子どもたちの泣き声や運動会の音とか、うるさくなりそうで迷惑な話。

保育園の園長 / 働きながら子育てをしている人

⇒ 歩み寄れそうなことは何ですか。まず個人で考えてから、グループで話し合いましょう。

2. 学校にイスラム教徒の女子生徒が入ってきました。彼女はいつもヒジャブという布を巻いて、手や顔以外を隠しています。今度、運動会でダンスがあるのですが、衣装をどうしたらよいでしょうか。

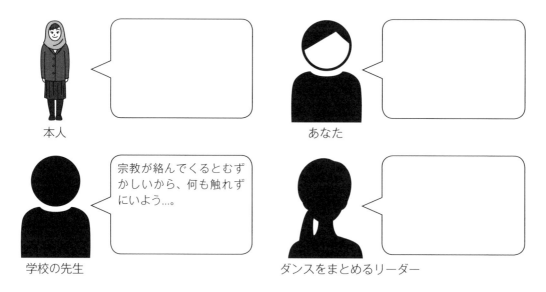

本人 / あなた

学校の先生：宗教が絡んでくるとむずかしいから、何も触れずにいよう…。

ダンスをまとめるリーダー

⇒ みんなで楽しくダンスをするために、どうしたらよいと思いますか。まず個人で考えてから、グループで話し合いましょう。

3. 会社に外国人の新入社員が入ってきましたが、彼女は敬語が苦手で、独特のアクセントがあります。そのため、彼女には電話を取らせず、お客さまとの応対もさせないことにしました。それに対してその社員は、「自分もほかの社員と同じように仕事がしたい」と言ってきました。

あなた(先輩)

上司: トラブルがあったら困るから、回避したほうがいい。

お客さま

本人: 採用したのに仕事をさせてくれないのはおかしい。

⇒ 外国人社員のやる気をそこねず、業務を進めるためには、どうしたらよいでしょうか。

_____
_____

●考えましょう 3

以下を読みながら、1、2、3について考えてください。

> 皆さんは、小国(おぐに)さんという方が立ち上げた「注文をまちがえる料理店」というレストランを知っていますか。
> どんなレストランなのかというと...
> 一言でいうと「注文を取るスタッフが、みんな"認知症"のレストラン」です。認知症の人が注文を取りにくるから、ひょっとしたら注文を間違えちゃうかもしれない。だから、あなたが頼んだ料理が来るかどうかはわかりません」

1. あなたはこのレストランに行ってみたいですか。
　　　行ってみたい　／　行ってみたいとは思わない

続きを読んでください。

> でも、そんな間違いを受け入れて、間違えることをむしろ楽しんじゃおうよ、というのがこの料理店のコンセプトです。（中略）なにより、「間違えちゃったけど、ま、いっか」。認知症の人も、そうでない人もみんながそう言いあえるだけで、少しだけホッとした空気が流れ始める気がする…
> （Forbes Japan「『注文をまちがえる料理店』のこれまでとこれから」より）

と、このように書かれています。小国さんはもともとNHKのディレクターでしたが、さまざまな取材をする中で、「社会課題は、社会受容の問題であることも多い」と感じてきたそうです。つまり、われわれが少し寛容になることで不満を解決できたり、みんなが少し気分よく過ごせるようになるのではないか、ということです。このレストランについて賛否両論あるかもしれませんし、小国さん自身も不安や心配があったそうですが、人がもっているはずの寛容性を思い出させるプロジェクトと言えるのではないでしょうか。

チームにおける「ま、いいか」の大切さについては、日本ファシリテーション協会の堀公俊さんも次のように述べています。「変えられないことに悩むのは時間とエネルギーの無駄です。自分の受け止め方を変えるしか手がありません。心の健康を保つためにも、このフレーズは重宝します。それに、チームの中にはいろんな考え方の人がいて、原則論を持ち出すとまとまらなくなります。ある程度は、『まあ、いいか』『それもあるよな』と認め合わないと、ギスギスした関係になってしまいます。チームの健康を保つためにも、必要なフレーズなのです」

（日経ビジネススクール「チームの『困ったちゃん』対処法　あなたがすべき４つ」より）

ストレスや人間関係の悩みなど、気分が晴れないことも多い現代ですが、時々「ま、いいか」と明るくとらえる気持ちが、寛容な社会を生むかもしれません。

2. ふだんの生活で、「ま、いいか」で済ませられそうなことはありますか。

3. 上の文では「ま、いいか」の気持ちが大切だと言っていますが、反対に社会の中で「ま、いいか」で済ませられないこと、済ませてはいけないと感じることは何ですか。

4. 上の２と３を踏まえて、「寛容な社会」とはどのような社会だと思いますか。また、実現のためには何が必要でしょうか。各自書いたあと、クラスで話し合いましょう。

● まとめ

この章で考えたことや気づいたことをメモし、自分のまとめも書いておきましょう。

● 参考文献・サイト

石原英樹（2012）「日本における同性愛に対する寛容性の拡大──『世界価値観調査』から探るメカニズム」『相関社会科学』第22号，pp.23-41，東京大学大学院総合文化研究科国際社会科学専攻．

フロリダ，リチャード（著），井口典夫（訳）（2008）『クリエイティブ資本論──新たな経済階級の台頭』ダイヤモンド社．

日経ビジネススクール「チームの『困ったちゃん』対処法 あなたがすべき4つ」．
http://school.nikkei.co.jp/news/article.aspx?aid=MMSCea001015062017 （2018年7月7日確認）

Forbes Japan「『注文をまちがえる料理店』のこれまでとこれから」．
https://forbesjapan.com/articles/detail/16640 （2018年7月23日確認）

NHK「データで見る不寛容社会」．
https://www.nhk.or.jp/ourfuture/vol5/data/ （2018年7月23日確認）

World Values Survey （（Data & Documentation＞Documentation/Downloads＞Wave 1 - 6のいずれかを選択し，［Select a country］でJapan選択））
http://www.worldvaluessurvey.org/WVSDocumentationWV4.jsp （2018年7月23日確認）

第3章

言いにくいことをどう伝える?

アサーション・トレーニング

● ウォーミングアップ

1. 以下の状況で、あなたの対応はA〜Cのどれに近いでしょうか。

① ずっと来たかったスイーツの人気店にやってきました。2時間待ちはあたりまえ。今日もたくさんの人が並んでいます。ようやく順番というときに、横から50代ぐらいの女性3人組がペチャクチャしゃべりながら割り込んできました。

A

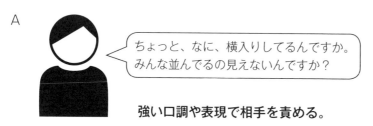

強い口調や表現で相手を責める。

B

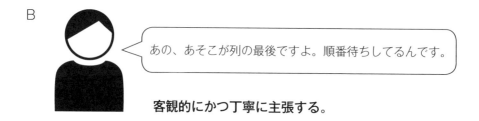

客観的にかつ丁寧に主張する。

C

内心むっとしているが、特に何も言わない。

② ママ友から、子どもを預かってほしいという連絡がたびたびあります。困ったときはお互いさまとは思いますが、子どもを迎えに来るのが夜11時を過ぎることもあり、とてもいやなので、もう預かるのをやめたいと思っています。しかし今日、また預かってほしいという電話が来ました。

言いにくいことをどう伝える?

A

あの、ほんと困るんですよね。ちょっと非常識じゃないですか。こっちにも都合があるんだし、いいかげんにしてもらえません?

怒りぎみに伝える。

B

ごめんなさい。ちょっとうちも手いっぱいで、大変になってきちゃった。ほかをあたってもらえます?

できないことを率直に伝える。

C

ええっと、今日はちょっと予定が入ってるんですけど...
あ、でも明日でもいいし...だいじょうぶです。

(ちょっと困った雰囲気は出すが、)結局断りきれずに預かる。

2. あなたの身近な人は、A～Cのどの反応をしそうですか。

　この章のポイントである「**アサーション**」とは、自分の考えや気持ち、信念などを正直に、かつ相手にも配慮しながら伝えるコミュニケーションの方法です。それを練習するのがアサーション・トレーニングです。アサーションでは、コミュニケーションのタイプを大きく3つに分けています。

アグレッシブ [攻撃型]	相手よりも自分の気持ちを優先するため、自分の主張を押しつけることになる。口調がきつくなったり、声が大きくなったりするため、相手に威圧感を与えてしまう。
アサーティブ [ちょうどよい主張型]	その場にふさわしい言い方で、自分の考えや意見を率直に伝える。また、相手の意見も同じように聞く。意見がぶつかったときは、譲ったり譲られたりしながらお互いが納得のいく結論を出そうとする。
ノン・アサーティブ [非主張型]	自分よりも相手のことを考えてしまい、いやなことでもノーと言えなかったり、意見を主張できなかったりする。そのため、自分を認めてもらえない気持ちが残り、ストレスを感じる。

●考えましょう 1

1. ●ウォーミングアップ のA、B、Cはコミュニケーションのどのタイプにあてはまりますか。

A	B	C

2. 「アグレッシブ」「アサーティブ」「ノン・アサーティブ」の中で理想的なコミュニケーションのタイプはどれだと思いますか。

　　　　　アグレッシブ　／　アサーティブ　／　ノン・アサーティブ

> 確かに理想的なコミュニケーションができたらいいけど、わたしはやっぱりあんまり自己主張するのは好きじゃないな。自分が我慢したほうが楽だし。それに、その人らしいコミュニケーションの仕方があるんじゃないかな。

　と思った皆さん、確かにそうですね。人には、それぞれ培ってきたコミュニケーションのやり方があるので、単純に上の3つのタイプにおさまらないこともあるでしょう。それに、みんなが同じコミュニケーションの方法をとったら、個性もおもしろみもなくなってしまいますよね。ただここで考えてほしいことが二つあります。一つ目は「自分にとってやりやすいコミュニケーションが、相手にとっても気分のよいものか」ということ、二つ目は「自分の感情にちゃんと気づいているか」ということです。

●考えましょう 2

カフェで、ホットコーヒーを注文したのに、アイスコーヒーが出てきました。

1. 注文を間違えた店員に、客がとても怒っています。このときの店員の気持ちはどうでしょうか。

2. この客は注文を間違えられてもやもやしていますが、何も言っていません。心の中では、どう思っているでしょうか。

　1の客は、大声でどなり、自分の主張をすることですっきりしたかもしれません。勝負に勝ったような感じです。ですが、まわりを見てみるとどうでしょうか。店員やほかのお客さんがこわがったり、いやな気持ちになったりしていないでしょうか。
　2の客は何も言いませんから、表面上問題は起きません。でも心の中は、残念な気持ちになっていたり、ストレスがたまったりしています。
　このようにわたしたちは、（もちろんその時の状況や気分にもよりますが）陥りがちなコミュニケーションのタイプをもっています。それを自覚して、改善していくのに役立つのがアサーションの考え方というわけです。

●トレーニング 1　自分のタイプを知る

自分のふだんの傾向にあてはまるものすべてに✔してください。

1	自分にあまり自信がない
	少し引っ込み思案だ
	人の意見に合わせて行動しがちだ
	表情には出さず我慢しているが、内心もやもやすることがある
	反論されると言い返せなくなる

2	人の悪い点を指摘する
	人のミスに目をつぶれず、ついきびしくなりがちだ
	人に自分の弱さを見せるのが苦手だ
	自分の思いどおりにならないといらいらしてしまうことがある
	反論されたら、反論し返す

3	人に自分の正直な気持ちを打ち明けることができる
	積極的に行動するほうだ
	自分の考えを押しつけない程度に伝えようとする
	苦手な人とも無難に会話を進めることができる
	非難されても、自分を卑下せず、相手の意見を尊重するようにしている

コミュニケーションを改善するには、まず自分がふだんどのようなコミュニケーションのタイプを多くとっているかに気づくことが大切です。

想像がつくと思いますが、1に✔が多かった人はノン・アサーティブ、2に✔が多かった人はアグレッシブ、3に✔が多かった人はアサーティブだと言えます。ノン・アサーティブの人は、自分の気持ちを正直に伝えられるように少し意識してみましょう。反対にアグレッシブの人は、少し自分の主張を抑えぎみにし、相手の意見も聞くように意識するとよいでしょう。

●トレーニング 2 DESC法

アサーション・トレーニングには、「DESC法（デスク法）」と呼ばれる手順があります。DESCは、以下のそれぞれの頭文字からとったものです。

> D＝describe：描写する
> E＝explain, express, empathize：説明する、表現する、共感する
> S＝suggest, specify：具体的に提案する
> C＝choose：選択する

ステップごとの説明を見てください。

> [ステップ１]
> D＝自分と相手が共有できる客観的で具体的な「事実（状況や問題点）」を述べる
> [注意点] 自分の考え、気持ち、推測などは入れない

> [ステップ２]
> E＝Dに対する自分の気持ちや考えをすなおに表現する
> [注意点] 感情的にならず、Iメッセージを使って述べる

> [ステップ３]
> S＝実行可能なこと（相手に望むことや解決案）を明確に具体的に提案する
> [注意点] 決して命令ではなく、また「言わなくてもわかるはず」でもないことを意識する

[ステップ４]
C＝代案も含め、自分の選択を考える
[注意点] 自分だけでなく、相手にも「イエス」「ノー」の選択があることを心に留めておく

ここで特に注目したいのは、[ステップ２]の「I メッセージ」です。主語を「あなた」から「わたし」に変えることで、批判的な印象を少し和らげることができます。

例：同僚が仕事に協力的でないとき
　→YOUメッセージ：「どうしてあなたは協力してくれないの？自分勝手だよね」
　→I メッセージ：「わたしはもっと一緒に仕事ができるとうれしいんだけどな」

「I メッセージ」で伝えられると、聞き手は自分の行動が相手の感情に影響を与えたことを実感し、「存在の承認」という本能的な欲求が満たされます。また話し手は、I メッセージにすることで自分の発言に責任をもつことにもなります。

● 練習 1

I メッセージを使って言い換えてみましょう！　すべて、上司から部下への発言として考えてみてください。

1.「何回言ったら覚えるの？」
　→I メッセージ：＿＿＿＿＿＿＿＿＿＿＿＿＿＿＿＿＿＿＿＿＿＿＿＿＿＿＿＿

2.「なんでこんなに遅いんだ！」
　→I メッセージ：＿＿＿＿＿＿＿＿＿＿＿＿＿＿＿＿＿＿＿＿＿＿＿＿＿＿＿＿

3.「そんな言い方じゃだれもわからないよ」
　→I メッセージ：＿＿＿＿＿＿＿＿＿＿＿＿＿＿＿＿＿＿＿＿＿＿＿＿＿＿＿＿

どうですか。I メッセージを使うと、相手を責めるのではなく、自分の思いを伝える前向きな発言になりませんか。

I メッセージの使い方がわかったところで、次はDESC法を使って、● 考えましょう 2 のカフェでのやりとりを改善してみましょう。

Ⓓ「これ、アイスコーヒーですよね？」

Ⓔ「わたし、ホットコーヒーを注文したはずなんです」

Ⓢ「替えてもらえますか」

Ⓒ 店員がYesの場合「すみません。すぐお作りします」⇒「お願いします」
店員がNoの場合「注文されたのはアイスコーヒーでしたよね？」⇒注文票を見せる

●練習 2

DESC法を使って、ちょっと困った場面を切り抜ける練習をしてみましょう。各自で考えたあと、グループでシェアしましょう。

1. お隣のおばさんはとても世話好きで、食べ物や雑貨などの商品をよく勧めてきます。近所づきあいもあるので、たいがいは購入していましたが、今回はかなり高額なものを勧められました。あなたには買う気はないのですが、おばさんを傷つけずにどうやって断ろうか困っています。

Ⓓ

Ⓔ

Ⓢ

Ⓒ

2. 新しい商品のデザインが仕上がってきましたが、細かく丁寧に指示したはずなのに、意図していたものと全く違いました。頭に血がのぼって、ついどなってしまいそうですが、デザイナーのプライドを傷つけずに、修正をお願いしなくてはいけません。

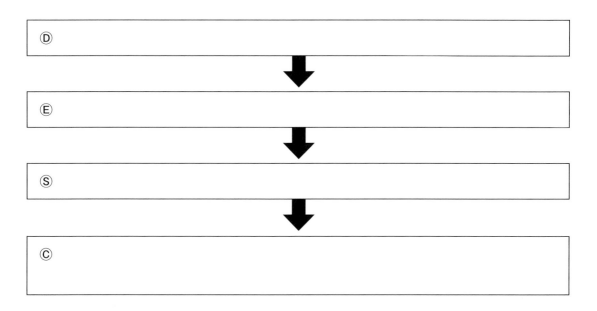

3. 来週、会社で大切なプレゼンテーションがあります。あなたとペアで担当することになった同期は準備に非協力的で、相談にも乗ってくれません。このままだとうまくできそうにありません。どのように言えばよいでしょうか。

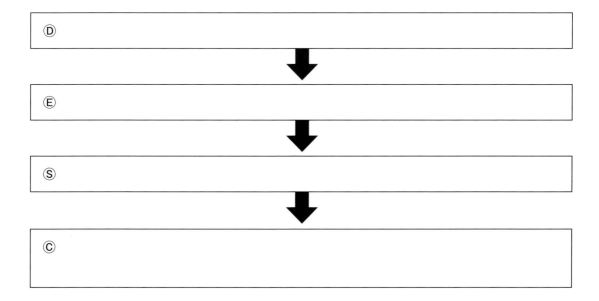

4. これまでに、どのように話せばよいか困った経験はありますか。もし次に同じような状況になったときにはどのように対応すればよいと思いますか。DESC法を使って考えてみましょう。

[どういう経験か] _____

_____

Ⓓ

↓

Ⓔ

↓

Ⓢ

↓

Ⓒ

● 考えましょう ③

ここまで、自分の感情を適切に表現し相手に伝える練習をしてきました。

1. 実はアサーションでは、「伝えない選択」「表出しない権利」というものも認められています。どういうことだと思いますか。

_____

_____

2. あなたの生活の中で、アサーションの考え方が役立ちそうなのはどんな場面でしょうか。

_____

_____

● まとめ

この章で考えたことや気づいたことをメモし、自分のまとめも書いておきましょう。

● 参考文献・サイト

平木典子(2009)『改訂版　アサーション・トレーニング──さわやかな〈自己表現〉のために』
　金子書房.
平木典子(2012)『アサーション入門──自分も相手も大切にする自己表現法』(講談社現代新書)
　講談社.
キャリア・ブレーン「コーチングスキル　承認の重要性とスキル：コーチングを知る」.
　https://www.c-coach.jp/learn/skill03_02.html　(2018年7月28日確認)

第4章

えっ？あなたはこう思わないの？
ビジネスでの異文化接触

● ウォーミングアップ 1

> **毎朝のミーティングには、できるかぎり出席する**
>
> 　Ａさんの会社では、上のような習慣があります。
> 　効率的にしっかりと仕事をこなすＡさんに、昇進の話が出ました。しかし、Ａさんは、朝、子どもを保育園に送っていかなければならないので、なかなかミーティングに出ることができません。Ａさんが昇進すると管理職になりますが、これまで朝のミーティングに出ない管理職はいませんでした。

さて、あなたが関係者だったら、Ａさんの昇進についてどのように考えますか。

_____
_____
_____

いろいろな意見があると思いますが、ここで、全く異なる判断を下した事例を紹介しましょう。事例①は日本支社、事例②はアメリカ支社での話です。同じグローバル企業の支社なのですが、同じ会社でも場所によって判断が違うということもあるようです。

事例①　Ａさんが通常ミーティングに出られないということであれば、リーダーとして皆をまとめることがむずかしくなる。そして管理職としての仕事がなされないだろう。よって、今回の昇進は見送ることにする。

事例②　Ａさんはとても優秀でこつこつと仕事をこなしてきた。たとえミーティングに出られなかったとしても、それはたいした問題ではない。メンバーが報告すればすむことだ。やはりＡさんの昇進を進めよう。

評価のしかたは、一様ではありません。つまり、ビジネスをする際は、それぞれがもっている価値観や感覚には違いがあるということをしっかり認識する必要があるのです。

● ウォーミングアップ 2

あなたにとって理想の上司とはどんな人ですか。
_____
_____

● 考えましょう 1

上司Joと部下Ken が、お互いの不満を述べています。

Jo

・Kenは自発的に行動しない。
・Kenはわたしの意見を気にしてばかりいる。
・Kenはいつもわたしの許可を求める。

・Joの指示ははっきりしない。
・Joはマネジメントのしかたを知らない。
・Joはリーダーとして不適格だ。

Ken

1. 二人はそれぞれ、どんな「リーダー像」をもっていると思いますか。
   Jo、Ken それぞれの立場に立って考えてみましょう。

   Jo：_____
   _____
   _____

   Ken：_____
   _____
   _____

2. 1で考えたことをもとに、グループのメンバーでそれぞれがもつ「リーダー像」について話し合ってみましょう。

3. 二人がそれぞれに不満をもった原因はどこにあると思いますか。

_____
_____
_____

4. 3で考えたことについて話し合ってみましょう。

━━━━━━━━━━━━━━━━━━━━━━━━━━━━━━

　理想の上司についてもつイメージは、文化によって違うようです。(もちろん個人によっても違いますが…)
　たとえば、どんなリーダー像があるでしょうか。
　まず、いわゆるリーダー然としていて、決断力があり、部下に対しててきぱきと指示を出す人がいます。上意下達があたりまえだと認識し、部下がその指示に忠実に従うようなイメージです。階層主義的で、序列というものを重視します。
　また、上司と部下であっても同僚だという意識が強く、フラットな関係を築こうとするリーダーもいます。平等主義的なアプローチを好む場合は、このような人を上司として求めるでしょう。部下からの意見も聞き入れ、みんなで決めるというプロセスを大切にします。気さくな人柄で、みずから部下のほうに近づいていきます。
　前者のようなリーダーを理想としている人は、後者のようなリーダーに対して、リーダーシップがない無能な人、というレッテルを貼る可能性があります。
　逆に、後者のようなリーダーを理想としている人は、前者のようなリーダーを見て、階層主義的で偉そうにふるまう人だと評価するかもしれません。上司は自分とは相容れない、けむたい存在であるとの思いをいだく可能性もあります。
　社会が階層主義的か平等主義的かによって、人びとが自分の中に築き上げるリーダー像は少なからず違ってくるそうです(メイヤー 2015)。場合によってはお互いのスタンスの違いから気持ちがすれ違い、相互理解が進まない状況に陥ってしまいます。
　自分がもっている「像」をすべての人が共通にもっているわけではないということを、わたしたちは意識しなければならないのでしょう。
　社会に出たとき、「あの上司はどんなリーダー像を目指しているのだろうか」と考えたり、周囲の人がどんなリーダー像をもっているかについて質問したりするのも、新しい発見につながるでしょう。
　そして、あなた自身、どのような上司を目指すのか…将来のことも含め、いろいろな角度から想像してみてください。

考えましょう 2

あなた自身はどんなリーダーになりたいと思いますか。

___

___

___

___

考えましょう 3

次の文を読んで、次ページの設問について考えてください。

> リンさんたちのA社は、カイさんたちのB社と新しい共同プロジェクトをすることになりました。A社とB社は違う国にあり、飛行機で7〜8時間かかります。
>
>
>
> A社　　　リン　　　カイ　　　B社
>
> カイさんたちB社の人たちが、打合わせのためにA社に来ました。リンさんたちA社の人たちは、時間をむだにしないように、あらかじめ計画をしっかり立てており、ほぼ予定どおりに話し合いを進めました。ランチの時間には、食べやすい軽食を用意し、会社の中で食べました。途中で休憩を入れましたが、夜7時になると、みんなはとても疲れているようでした。リンさんたちA社の人たちは自分の家へ、カイさんたちB社の人たちはホテルに戻り、休みました。
>
> 次の日も朝から打合わせを行ないました。A社の人たちは、この話し合いはとてもうまくいっていると思い、新しいプロジェクトも成功するだろうと思っていました。
>
> ところが、B社の人たちは、あまり満足していないようです。A社の人たちのことを本当に信頼できるかどうか、まだ疑っています。プロジェクトがうまくいくかどうか、とても心配しています。
>
> 1か月後、今度はA社の人たちがB社へ行くことになりました。B社に着くとすぐに、カイさんたちはリンさんたちをレストランに連れて行きました。そこにはたくさんの料理が並べられていました。
>
> リンさんたちは少しとまどうとともに心配になりました。こんなに遠くまで来ているのに、仕事が進まなかったらどうしよう。こんなにゆっくりランチを食べていてもよいのだろうか。ランチの間も仕事のことが頭を離れず、いらいらがつのっていきます...。

1. それぞれの人の気持ちを考えましょう。

> **リンさんたちA社の人たちの気持ち**
> ［B社を迎えたとき］
> _____
> _____
>
> ［B社を訪れたとき］
> _____
> _____

> **カイさんたちB社の人たちの気持ち**
> ［A社を訪れたとき］
> _____
> _____
>
> ［A社を迎えたとき］
> _____
> _____

2. あなたはアドバイザーです。
   A社B社の人たちに、それぞれアドバイスをするとしたら、なんと言いますか。

> A社の人たちに対して
> _____
> _____
>
> B社の人たちに対して
> _____
> _____

3. どちらの会社の人たちに共感できるか、自分の属する社会や文化はどちらに近いか、などについて話し合ってみましょう。

4. フラストレーションがたまる根本的な問題がどこにあるか、話し合ってみましょう。

━━━━━━━━━━━━━━━━━━━━━━━━━━━━━━━━━━━━━

　ビジネスを進めるにあたってお互いに信頼関係を築くことが大切なのは言うまでもありません。ただし、信頼関係の築き方は、文化によって異なる面もあるようです。●考えましょう 3 で示されている例は、信頼構築に際して、「タスク達成」を重視する人たちと、「人間関係」を重

視する人たちが、お互いにもつ違和感です。

　A社の人たちは、効率を重視し、遠方から来た人たちの時間をむだにしないように心がけます。結果を出すことによって、つまり「タスク達成」することによって信頼を得て、お互いの関係を築いていくべきだと考えます。

　それに対して、B社の人たちは、まずは「人間関係」の構築を最優先に考えます。信頼のできる人間関係を築くことがビジネスにつながると信じているからです。そのため、遠方から来た人たちを慰労し、信頼関係を築こうと心を砕きます。

　異なる価値観からきた違和感ですが、自分の見方だけで相手を判断していると、いらいらする感情から脱することはできません。相手のスタンスが自分たちとは違うのだということが想像できるようになると、大きな問題にはならずにすみそうですよね。

●考えましょう 4

下のような状況で指示をうけた場合、どんな誤解が生じる可能性がありますか。
それを防ぐためには、どうするべきですか。
上司・部下それぞれが気をつけなければならないことを考えてみましょう。

来週水曜日に大きな会議があります。そのため、皆 準備に追われています。
しかし、通常の業務ももちろんしなければなりません…。

来週の会議に配布する。わかりやすく表にまとめてくれるかな。

承知いたしました。
来週の会議用資料ですね。

・生じうる誤解
_____
_____
_____

・気をつけるべき点
　上司：_____
_____
　部下：_____
_____

● まとめ

この章で考えたことや気づいたことをメモし、自分のまとめも書いておきましょう。

● 参考文献

メイヤー, エリン(著), 田岡恵(監訳), 樋口武志(訳)(2015)『異文化理解力――相手と自分の真意がわかるビジネスパーソン必須の教養』英治出版. (Meyer, Erin (2014) *The Culture Map: Breaking Through the Invisible Boundaries of Global Business*. New York: PublicAffairs.)

第5章

「〇〇人」ってだれのこと？

「日本人」・「外国人」

●ウォーミングアップ 1

「わたしはフランス人です」ということばの意味を、考えてみてください。話す言語やもっているパスポート、生まれた場所などの観点から考えてみましょう。

_____
_____
_____

●ウォーミングアップ 2

それでは、次の人たちのことばを読んでみてください。あなたはどんなことを考えましたか。考えたことをまわりの人たちと話してみてください。

Aさん：わたしの両親は新潟出身の同級生どうしです。結婚してから二人ともアメリカに留学し、留学中にわたしが生まれました。わたしたち家族は、それからずっとアメリカで暮らしています。子どものころは家では日本語（新潟方言）と英語を使いました。でも今はほとんど日本語を使いません。だから、漢字を書いたりするのはとてもむずかしいですね。ずっとアメリカの学校に通っていたので、自分は「アメリカ人かな」とも思います。父と母の国籍は日本ですが、わたしは日米両方の国籍をもっています。

Bさん：わたしの両親はイタリア出身ですが、20年以上、埼玉県で暮らしています。わたしは大宮で生まれて、ずっと大宮で暮らしています。イタリアには数回行ったことがありますし国籍もイタリアです。イタリア語は聞けばわかりますが、わたしの母語は日本語です。日本の習慣が身についていますし、イタリアを「自分の国」とはあまり思ったことがありません。これからも日本で仕事をして、日本にずっと住むつもりです。

Cさん：わたしは日本政府から国民栄誉賞をもらいました。東京生まれの東京育ちですが、中華民国のパスポートをもっています。しかし、台湾にルーツはなく、母は日本人で父は浙江省出身の中国人でした。わたしは、人気スポーツで日本チームが世界一になったときの監督でもあります。そのときに「あなた

> はなに人ですか」と聞かれたので、わたしは「国籍は中国ですが、心は日本人です」と答えました。

あなたが考えたことを、下に簡単に書いてみましょう。

_____

_____

_____

　Aさん、Bさん、Cさんについて、はっきりと「〇〇人です」と言うことができますか。むずかしいのではないでしょうか。これは、本人だけが言えることか、あるいは本人も言えない、言いたくないことかもしれません。日本の法律では日本国籍をもっている人が日本国民とされていますが、実際の生活は「あの人、外国人だけど日本国籍だよね」などと言ったり、日本国籍をもっていても海外在住で日本語がわからない人もいたりします。つまり、「日本人」も「外国人」も、ことばの定義はどちらもはっきりしていないのです。

●考えましょう 1

1.　次の表を見てください。これは、「日本人」から「外国人」までを非常に単純に類型化したものです。たとえば、国籍が「日本」である場合は＋、そうでない場合を－で表わしています。このように類型化するとしたら、下のA〜Eさんはそれぞれ1〜8のどこにあてはまると思いますか。複数の可能性があります。

「日本人」から「外国人」までの類型

	1	2	3	4	5	6	7	8
「血統」	＋	＋	＋	－	＋	－	－	－
「文化」	＋	＋	－	＋	－	＋	－	－
国籍	＋	－	＋	＋	－	－	＋	－

(福岡1993より)

A：家系図を見ると、わたしのおじいさんのおじいさんのおじいさんが、どうもロシア人のようです。わたしは札幌生まれで、日本語しかしゃべれませんし日本国籍です。

B：わたしは日本生まれ日本育ちです。母語は日本語とコリア語です。国籍は日本ですが、両親が韓国出身です。

C：わたしは赤ちゃんのころに両親とともに日本から英国に行き、そこで育ちました。日本語もできますが、英語のほうがもちろん得意です。国籍は英国です。

D：わたしは日本生まれの日本育ち、両親も日本人ですが、オリンピック出場のために他国の国籍を取りました。その国の代表として、オリンピックに出場します。

E：I'm a tourist from Canada. This is the first time to come here, Tokyo. Though I've never learned Japanese language, I hope to study it in Japan where my grandpa's homeland. （わたしはカナダからの観光客です。東京に来るのは初めてです。わたしは日本語を学んだことはありませんが、祖父の故郷である日本で勉強したいと思っています。）

Aさん		Dさん	
Bさん		Eさん	
Cさん			

2. 「日本人」といっても、どういう人が「日本人」なのか、どこからどこまでが「日本人」なのか、人によってとらえ方が違うのではないでしょうか。まわりの人と話してみてください。

　繰り返しますが、前ページに示した表はとても「単純化」されたものです。たとえば、二つの文化を合わせもつ人、国籍を二つもつ人の場合などは、この表にはあてはまりません。ここでは複雑な現実を整理して考えるために、あえて単純に類型化しています。そして、「血統」も「文化」も国籍も、他人が「あの人は〇〇人だ」と言えるような単純な問題ではないことが多く、それはその人にしか決めることはできないし、あるいは決める必要もないことなのです。
　その前提で、表の1～8を次のように説明できるでしょうか。

（斎藤2017：72を参考に作成）

　血統や文化に「　」が付いているのは、これらの語の定義が人によってあいまいだからです。たとえば、1の「純粋な日本人」？の典型ともいえる現在の天皇陛下も、ご自分の先祖について、朝鮮半島からの渡来人の子孫であると続日本記に記されていることに韓国とのゆかりを感じるとおっしゃっています（宮内庁2001）。「わたしは紛れもなく日本人だ」と思っている人も、DNAをたどればおそらくさまざまな「血統」が混ざっている可能性はあると思います。左の地図は2万年前の東アジアの海岸線地形を示したものですが、こんなふうにつながっていたのなら、人びとが移動して「血統」が混ざり合っていったのは自然ですね。
　2の具体例は、ハワイや南北アメリカ大陸に移住して、その国の国籍を取得した日系一世の人たち。近年ではオリンピック出場を目的として、他国の国籍を取得したスポーツ選手や有名芸人なども含まれそうです。

3はたとえば帰国子女の人たちの中で、両親とも日本人で本人も日本国籍だけれど、日本語が苦手だったり、日本語は上手だけれど「日本人的」に空気を読むのは嫌いだというような人が該当するかもしれません。

　4は、外見はたとえば欧米人に見えるけれど、母語は日本語、国籍も日本という人などが入るかもしれません。また、日本生まれで「民族教育」をうけずに育ち、帰化して日本国籍を取った在日コリアンの人も入ります。

　5には、「中国残留邦人」やその家族などが入ります。2017年ノーベル文学賞を受賞したカズオ・イシグロさんも、このカテゴリーに該当しそうです。ご両親が日本人ですが、ご自身は現在イギリス国籍で、日本語はあまり得意ではないとされています(週刊文春 2001)。イシグロさんを「日本人」として、受賞を喜ぶ報道もありました(朝日新聞 2017)。

　6は、日本で生まれ育ち日本語も母語の一つとしているけれども、外国籍の人です。日本の学校で学び、帰化していない在日コリアンの人たち、また、●ウォーミングアップ 2 のイタリア国籍のBさんや中華民国のパスポートをもつCさんなどが入るかもしれません。

　7は、たとえばアイヌなど先住民族の人びとです。ただ、第8章でも見るとおり、明治政府がアイヌの人びとへの同化政策を進め文化の継承をはばんだ結果、アイヌ語を話せる人びとがごく少数となってしまっています。

　8は、日本にルーツのない両親から生まれ、日本語を母語としない外国籍の人ですね。

　ここに、**ミックスルーツ**[1]の人や、**ナショナル・アイデンティティ**[2]をいくつももつ人などを含めると、もっと複雑な多様性が、「日本人」にはあります。そして、先にも述べたとおり、だれが「日本人」でだれが「外国人」なのか、その区別が定まっているとは言えないのです。

●考えましょう 2

店員さん　　　　　　　　お母さん

---

1. ここでは「ハーフ(半分?)」でも「ダブル(2倍?)」でもなく、複数のルーツをもつという意味の「ミックスルーツ」を使います。

2. 自分自身は○○国民だ／○○国民ではない、という自己認識。

1. 前のページのイラストを見てください。子どもが店員さんに「おもちゃ売り場はどこですか」と聞いていますが、店員さんはお母さんに「5階でございます」と答えました。この子どもはどんな気持ちでしょう。ちょっと考えてみてください。

_____
_____

- -

このように、質問した本人ではなく、その同行者に向けて応答を返すという現象を、オストハイダ(2005)は「**第三者返答**」と呼びました。これは子どもだけではなく、「外国人」、車椅子を使っている人、高齢者など、多くの人が経験しています。その場合、不快に感じたり自尊感情を傷つけられたりする可能性があります。

このことと関連する内容の、「But we're speaking Japanese! 日本語喋ってるんだけど」というタイトルの動画があります。

> あるレストランで「見た目が外国人」の人たちがじょうずな日本語で注文するのですが、店員さんはその日本語を理解しようとしません。最初から「外国人とはコミュニケーションできない」と思い込んでいるようです。それで、店員さんは、日本語がわからないけれど「日本人」に見えるアジア系アメリカ人女性にだけ話しかけます。客たちはしかたなく、そのアメリカ人女性に「日本語」を口まねさせて、やっと注文するのでした。

少し大げさじゃないかと思ったかもしれませんが、海外にルーツをもつ日本生まれの人や他国から来たとても日本語がじょうずな人の中には、似た経験があるという人が多いです。
このように極端な対応ではないにしても、ここに出てくる店員さんの「第三者返答」の滑稽なふるまいに、どこか心当たりがある人もいるかもしれません。

- -

2. あなたは「第三者返答」を実際に体験したり、目撃したりしたことがありますか。その体験を書いてみてください。経験がない場合は、「もし自分だったら」と想像して書いてください。書いたあと、まわりの人に自分の体験を話し、彼らの体験も聞いてください。

_____
_____
_____

考えましょう 3

次の文章を読んでください。

> スリランカ出身のスェインさんは、学校に来る途中、小学生の集団に「あ、ガイジンだ、ガイジンガイジン！」とはやし立てられたことがあるそうです。ベトナム出身のチャンさんはコンビニでアルバイトをしていますが、レジを担当していたときに名札を見たお客さんから「あ、ガイジンか。ガイジンはだめだ。日本人を出せ、日本人を」と言われたそうです。スェインさんは、「公害」や「害虫」を知っていたから、「ガイジン」は「害人」なのかとも思ったと言いました。チャンさんは、その時から日本にいるのがこわくなって、「ガイジン」ということばが大嫌いになったと言いました。

スェインさんやチャンさんの経験について、考えたことを書いてみましょう。書き終えたら、ほかの人の考えも聞いてみましょう。

_____
_____
_____

- -

皆さんは、「ガイジン」ということばを使いますか。テレビのバラエティ番組などでは使われることがありますが、スェインさんたちのことばのとおり、何気なく使っていることばでもいやな思いをする人がいます。差別語として使われることもあるので、注意が必要です。

さらに、「外国人」ということばですら、不快な思いをする人がいます。アメリカに行った日本人留学生が "I'm a foreigner.(わたしは外国人だよ)" と言ったとき、まわりのアメリカ人学生たちがぎょっとしたという話があります。かつては留学生のことをforeign students（外国人学生）と言ってもそれほど問題なかったかもしれませんが、今はstudents from overseas（海外からの学生）とか international students（国際学生）と言います。ですので、英語圏では alien（外国人？異星人？）はもとより foreigner も、現在では避けるべきことばと考えている人が多いようです。

ということは、日本社会で「外国人」と呼ばれることに違和感や不快感をもつ人がいるということでもあります。日本語の場合、「外国人」に代わる適切なことばがなかなか見つからないという現実（「海外ルーツの人」？「海外出身者」？）もあるのですが、ただ、上述したような思いをもつ人もいるということは認識しておく必要があるでしょう。

●考えましょう 4

1. 今日の授業の内容から、どんなことを思い出しましたか。思い出したことを書いてください。

_____
_____
_____

2. なぜ、その知識や情報、体験などを思い出したのか、その理由を考えてみてください。

_____
_____
_____

3. 今日の授業内容について、あなた自身の意見や立場を書いてください。

_____
_____
_____

4. グループになり、上の1〜3について話し合ってください。まず、一人ずつ自分について話してください。それに対してほかの人がコメントや質問をしてください。よい悪いではなく、それぞれの思いを述べて対話しましょう。

●まとめ

この章で考えたことや気づいたことをメモし、自分のまとめも書いておきましょう。

● 参考文献・サイト

「阿川佐和子のこの人に会いたい　カズオ・イシグロ」(2001)『週刊文春』2001年11月8日.

「イシグロ氏ノーベル賞，沸く日本・静かな英国」(2017)『朝日新聞』2017年12月19日.

小熊英二(2018)『決定版　日本という国』(よりみちパン！セ)新曜社.

オストハイダ，テーヤ(2005)「聞いたのはこちらなのに…：外国人と身体障害者に対する『第三者返答』をめぐって」『社会言語科学』7巻2号，pp.39-49，社会言語科学会.

斎藤成也(2017)『核DNA解析でたどる 日本人の源流』河出書房新社.

下地ローレンス吉孝(2018)『「混血」と「日本人」――ハーフ・ダブル・ミックスの社会史』青土社.

福岡安則(1993)『在日韓国・朝鮮人――若い世代のアイデンティティ』(中公新書)中央公論社.

星野ルネ(2018)『まんが アフリカ少年が日本で育った結果』毎日新聞出版.

宮内庁(2001)「天皇陛下お誕生日に際し」(平成13年).
　http://www.kunaicho.go.jp/okotoba/01/kaiken/kaiken-h13e.html　(2018年10月31日確認)

第6章

あなたにとって「カミ」とは？

宗教観

●ウォーミングアップ 1

あなたが経験したことのある行事に○をつけましょう。

①
初詣に行く（　）

②
お正月におせち料理を食べる（　）

③
節分の豆まきをする（　）

④
春秋のお彼岸に、お墓参りをしたりぼたもち／おはぎを食べたりする（　）

⑤
お盆に親戚の家へ行ったり、お墓参りをしたりする（　）

⑥
神輿（みこし）祭りを見たり、参加したりする（　）

⑦
七五三のお祝いをする（　）

⑧
年末に大掃除をする（　）

前ページに挙げた行事は「日本人」の多くが自然に習慣として行なっていることですが、起源は神道にあるようです。しかしすっかり生活に溶け込んでいるため、宗教だと意識することはあまりありません。また、その行事に「参加する」「参加しない」ということが、宗教心の欠如といった議論には結びつかないのが現状ではないでしょうか。

　このように、「日本人」の生活自体に溶け込み意識しなくなっている隠れた宗教心を宗教学者の阿満利麿氏は、「自然宗教」ということばで表わしています。また、「自然宗教」に対する用語として「創唱宗教」ということばを使っています。

自然宗教とは...
　文字通り、いつ、だれによって始められたかも分からない、自然発生的な宗教のことであり、「創唱宗教」のような教祖や経典、教団をもたない。

創唱宗教とは...
　特定の人物が特定の教義を唱えてそれを信じる人たちがいる宗教のことである。
　教祖と経典、それに教団の三者によって成り立っている宗教といいかえてよい。
　代表的な例は、キリスト教や仏教、イスラム教であり、いわゆる新興宗教もその類に属する。

(阿満 1996)

●ウォーミングアップ 2

　友だちと映画に行き、その帰りにレストランに入りました。その友だちがメニューを細かくチェックして、「あれもダメ、これもダメ。宗教で禁止されているから」と言ったら、あなたはどう感じますか。

●考えましょう 1

1. 下の各問について考えてください。

① 迦微
・これはなんと読むでしょうか。＿＿＿＿＿＿＿＿＿＿
・何を表わしていると思いますか。
＿＿＿＿＿＿＿＿＿＿＿＿＿＿＿＿＿＿＿＿＿＿

② 神
・この字を見て、何を連想しますか。書き出してみましょう。
＿＿＿＿＿＿＿＿＿＿＿＿＿＿＿＿＿＿＿＿＿＿
＿＿＿＿＿＿＿＿＿＿＿＿＿＿＿＿＿＿＿＿＿＿

③ God
・この単語を見て、何を連想しますか。書き出してみましょう。
＿＿＿＿＿＿＿＿＿＿＿＿＿＿＿＿＿＿＿＿＿＿
＿＿＿＿＿＿＿＿＿＿＿＿＿＿＿＿＿＿＿＿＿＿

2. 1で考えたことについて話し合ってみましょう。

　日本列島に住んでいた人たちは、文字が入ってくる前から、お互いに話をしてコミュニケーションをとっていました。日本列島に住んでいた人独自の考えや概念が、「話しことば」を使って話されていたのです。文字がなかったため古代の「日本人」が音声のみで表わしていた「カミ」ということばは、人間、鳥、獣、草、木、その他、通常ではなく特別なものすべてを表わすものだったそうです。このことは、橋爪大三郎氏が著書(橋爪2013)において、本居宣長の『古事記伝』での研究成果紹介とともに言及しています。つまり、「とにかく通常でないものすべてが『カミ』」であり、実態はないのだそうです。「八百万の神」ということばをわたしたちが使い、その対象があらゆるものであることも、『古事記伝』での本居宣長の説明から理解できます。山や岩や木などを神様としてあがめる習慣が各地にありますよね。なお、本居宣長について興味がある人は、田中康二氏の著書(田中2014)などを読んでみてください。古代の「日本人」の考え方を明らかにしようとして国学を極めた人ですが、その生涯や考え方がわかります。

　さて、音声のみで表わしていた「カミ」に文字をつけようとしたとき、万葉仮名でつけられたのが「迦微」という文字です。万葉仮名というのは平仮名のもとになったものですが、漢字の「意味」ではなく「音」のみを利用して日本語を表わしたものです。大陸から漢字が入ってきたことは皆さんご存知でしょうが、そのことを理解する際に忘れてはいけないことがありま

す。それは、単純に文字のみが入ってきたわけではなく、意味や概念も伴って日本にやってきたということです。漢字が表意文字であることから当然と言えば当然のことです。ただし、日本に住んでいた人はそれ以前からことばを使っていたので、大陸から来た漢字とその意味が、「日本人」が使っていた本来のことばの意味と必ずしも一致していたわけではありません。そのため、純粋に自分たちのことばを音声として表わすために万葉仮名を利用したり、のちに平仮名を発明したりする欲求が出てきたのです。

「カミ」を「迦微」と表わしていた分にはよかったのですが、「神」という字をあてたところに問題があるのだと本居宣長は言います。つまり、従来「日本人」がもっていた概念とは違う概念が漢字の「神」によって付け加えられたと考えられるのです。

時がくだり、ユダヤ教やキリスト教やイスラム教といった、阿満氏の言う「創唱宗教」が入ってきたとき、彼らの言う「神」と、日本の「自然宗教」の「神」に同じ字が使われることになりました。このことが、宗教に対しての考え方をむずかしく、複雑にしているのかもしれません。

●考えましょう 2

1. あなたは宗教をもっていますか。

2. 宗教についてどう考えていますか。

3. 「無宗教」とは、どういうことでしょうか。

先の阿満氏は、「自然宗教」と「創唱宗教」とを区別して考えると、「日本人」の宗教観について理解しやすくなるとも言っています。日本に住むわたしたちの多くはよく自分のことを「無宗教」だと言いますが、それは特定の「創唱宗教」をもっていないということであって、宗教自体を否定することとは全く違うと言っています。つまり、「創唱宗教」を基本として考えている人たちにとっての「無宗教」ということばは、宗教の否定、つまり神の否定ということになるのに対し、日本に住む人の多くが使う「無宗教」ということばは、特定の「創唱宗教」をもたないという意味であって、強いポリシーのもとで使っているわけではないようなのです。

「日本人」の宗教観の裏には、このような背景があるようです。「自然宗教」と「創唱宗教」の混同は、先に説明したように「神」ということばからも影響をうけているようです。

●考えましょう 3

1. 宗教とはなんでしょうか。
   _____
   _____

2. 上で考えたことをグループで共有しましょう。

●考えましょう 4

1. 「八百万の神」はどんな意味だと思いますか。また、それをどう思いますか。
   _____
   _____

2. 一神教の宗教(唯一の神を信じる宗教)とは、どんなものだと思いますか。
   _____
   _____

3. 宗教上の「タブー」(食べ物のことなど)について知っていることを話してみましょう。
   _____
   _____
   _____

4. 一神教の人からすると、多神教はどんなふうに感じられると思いますか。
   _____
   _____

5. 上で考えたことをグループで共有しましょう。

　八百万の神を自然に生活の中に取り入れてきた「日本人」は、ある意味宗教に関して寛容だと言えるでしょう。仏教が日本列島に伝来したときも、多くの神のうちの一つとして受け入れることができたわけです。さらに、明治以降、日本が近代化を進める際、神道を掲げ天皇中心の国家体制を築こうと計画が練られたわけですが、キリスト教信者の多い列強諸国からの反発を防ぐために、神道は国の宗教ではなくあくまで個人の内面のもの、という位置づけがなされたそうです。(参考:阿満 1996)

　いわゆる一神教の信者からすると、多神教の人たちの思考は信じられないものでしょう。「節

操がない」という言い方をする人もいます。

「神のために...」というフレーズを聞いてその真意が理解できない「日本人」はいるかもしれませんが、世界中を見渡すと、一神教の信者はたいへん多く、その考え方を理解しないと、場合によっては世界が見えなくなります。たとえば、アメリカはそもそもキリスト教の中でも「プロテスタント」という宗派の人たちが作った国家であり、「『神様』、つまり『キリスト教』を信じていることを前提にして成り立っている国家」(池上 2013)だと言います。

ちなみに、キリスト教の宗派で大きいものとして「カトリック」があります。ローマ教皇を最高指導者とする宗派で、フランス・スペイン等、西ヨーロッパを中心に広がりました。「プロテスタント」は、教皇を頂点とする教会の腐敗について言及し、旧来のキリスト教に異論を唱え、宗教改革を率先して行なった人たちのことです。

イスラム教も一神教ですが、イスラム教の人びとは、コーランという経典に書かれていることを守って生活をしています。昨今、テロ事件等の影響で、イスラム教自体を恐ろしい宗教だと考えている人がいるかもしれませんが、多くのイスラム教の信者は平和を求め、弱者を助ける、敬虔な人びとです。ごく一部の人の行動を見て、短絡的にとらえないようにしましょう。

政教分離の教育をうけ、積極的に宗教を話題としない「日本人」には理解しがたい部分もあるかもしれませんが、宗教に関する事実を知り、それを認めないと本当の意味で理解し合うことはできないでしょう。多くの「日本人」が考えているより、宗教は人びとの生活全般に大きな影響を与えているのです。

そして、相手の信仰を否定しないこと、信仰心を尊重することは、多文化共生時代にあって大切な姿勢だと言えます。

● まとめ

この章で考えたことや気づいたことをメモし、自分のまとめも書いておきましょう。

●参考文献

阿満利麿(1996)『日本人はなぜ無宗教なのか』(ちくま新書)筑摩書房.
池上彰(2011)『池上彰の宗教がわかれば世界が見える』(文春新書)文藝春秋.
池上彰(2013)『[図解] 池上彰の世界の宗教が面白いほどわかる本』(中経の文庫)中経出版.
島崎晋(2016)『世界の宗教 タブーと習慣——日本人が知らない』(徳間文庫カレッジ)徳間書店.
田中康二(2014)『本居宣長——文学と思想の巨人』(中公新書)中央公論新社.
橋爪大三郎(2013)『世界は宗教で動いてる』(光文社新書)光文社.
本村凌二(2005)『多神教と一神教——古代地中海世界の宗教ドラマ』(岩波新書)岩波書店.

差別と
その感情を考える

第7章

悪気はなかったんだけど...
マイクロ・アグレッション

● ウォーミングアップ 1

1. 外国人に対して言ったこと／言いたくなったことがあるものに○をつけてください。

① 出身はどこですか？アメリカ人？	
② ニホンゴ ワカリマスカ？キャン ユー スピーク ジャパニーズ？	
③ 箸の使い方がじょうずですね。	
④ わたしたちは日本人だから。（あなたの考え方と少し違う）	
⑤ なんで電車の中であんなに大きな声で話すの？けんかしているの？	

2. アメリカに留学しているときに、次のように言われたら、どのように感じますか。a～eの近いものに○をつけてください。

　　a．うれしい　　b．特に何も感じず、ただ質問に答える
　　c．いやではないがなにかひっかかる　　d．いやな気持ちや差別を感じる　　e．その他

① 出身はどこですか？中国人？韓国人？	a	b	c	d	e
② ドゥー ユー　スピーク　イングリッシュ？エイゴ、ワカル？	a	b	c	d	e
③ ハンバーガーを食べたことがありますか？	a	b	c	d	e
④ わたしたちはアメリカ人だから。（あなたの考え方と少し違う）	a	b	c	d	e
⑤ 楽しんでる？表情がないから、何を考えてるのかわかんない。	a	b	c	d	e

3. 1と2でなにか気づいたことはありますか。1では○をつけて、2ではcかdを選んだものはありましたか。それはなぜでしょうか。

_____
_____
_____

悪気はなかったんだけど...

●ウォーミングアップ 2

1. 相手に悪気はなかったようだけれど、言われていやだったことばがありますか。

   _____
   _____

2. 自分に悪気はなかったけれど、相手をいやな気持ちにさせてしまったり、言わないほうがよかったなと思った経験がありますか。

   _____
   _____
   _____

●考えましょう 1

1. 二人の人が会話をしています。話している右の人には全く悪意はありませんが、左の人は少し困ったり、複雑な気持ちがしています。どうしてでしょうか。考えて、吹出しの中に気持ちを書いてみましょう。

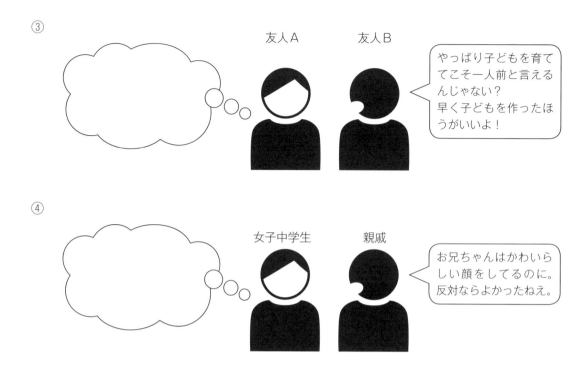

2. 書き終わったら、出てきた答をグループで共有しましょう。

　上の例のように、発言者に悪意はなく無意識に話していても、相手を複雑な気持ちにさせることがあります。こういった「明らかに差別・偏見ではないけれど、そうともとれる微妙な言動」のことを**"マイクロ・アグレッション"**といいます(Sue 2010)。"micro"は「小さい」、"aggression"は「侵略」「攻撃」といった意味ですから、直訳すると「小さな攻撃」ということです。

　たとえば「わー、日本語おじょうずですね」と賞賛の気持ちで言ったとしても、聞き手は自分が外国人だという無意識の区別を感じてしまうことがあります。またレストランで、白人のお客さんだからと、何も聞かずに英語のメニューやフォークを渡した場合、日本の文化や習慣を大切にし、日本の生活になじもうとがんばっているのに、いつまで経っても外国人扱いをされて寂しく感じる人もいます。ほかにも、学校で「○○ちゃんはハーフだよね。お母さんが外国人でしょう？」と言われたら、当人は「日本人とは区別されている」「日本人として認めてもらえない」と、自分のアイデンティティを不安に感じることもあるのです。発言した人はほめる気持ちや親切心をもっていても、「あなたはわた・し・た・ち・とは違う」という隠れたメッセージを送ってしまっている場合があるということですね。

　"マイクロ・アグレッション"は、外国人に対する言動に限ったものではありません。「女性なのに結婚を選ばず、仕事を選んだんですねえ」「そろそろいい年だし、奥さんをもらったほうがいいんじゃないですか」といった、性別や年齢に関する"マイクロ・アグレッション"も

あります。

　では、"マイクロ・アグレッション"がなぜ起きるのか、考えてみましょう。社会には、あるものについてのステレオタイプや分類が存在し、われわれの価値観や判断基準の多くはそれに影響をうけています。つまり"マイクロ・アグレッション"は、その人がもつステレオタイプの表われだと言えるでしょう。もし、ある社会の中の多数派が、自分たち自身についてのステレオタイプをもっていると、そこからはずれた人を「異」として「あなたはわれわれとは違う」というメッセージを送りがちです。たとえば日本では多くの人が、'「髪や瞳が黒か黒に近い暗い色」で「両親が日本人」で「日本で生まれ育ち、日本語を流暢に話す」人が日本人である'というステレオタイプをもっています。ですから、日本で生まれ育ち、日本語を母語として話している人でも、外見が日本人らしくないと、「日本語、おじょうずですね」「え？日本人なんですか？」と驚かれ、「あなたは普通とは違う」というメッセージが送られてしまうわけです。

●考えましょう 2

　「マイクロ・アグレッション」は、明らかな「差別」とどのような違いがあるでしょうか。簡単に意見を書いたあと、グループで話しましょう。

_____

_____

●考えましょう 3

1. あなたが留学生として外国にいるとき、次のような場面に遭遇したら、どのように感じるでしょうか。a〜dの近いものに○をつけてください。

　　　a．全く気にならない　　　　　　　　b．いやではないがなにかひっかかる
　　　c．少しいやな気持ちや差別を感じる　　d．とてもいやな気持ちや差別を感じる

① レジに並んでいたが、順番があとまわしになった	a	b	c	d
② カフェで屋外のテラス席を希望したが、店内の席になった	a	b	c	d
③ 「あなた日本人でしょう？やっぱり」と話しかけられた	a	b	c	d
④ 現地の言語で話しかけたが、聞く前からわからないというジェスチャーをされた	a	b	c	d
⑤ 現地の人と同じ物を買ったが、値段が高かった	a	b	c	d

2. 1の結果をペアやグループのメンバーと確認してみてください。同じ結果でしたか。

ここで、マイクロ・アグレッションの問題点について考えてみましょう。大きく二つの問題点が見受けられます。まず一つ目は、発言者に差別などの悪意がないため、人を傷つけているという自覚がないことです。指摘されても、どこに問題があるのか気づかない場合もあります。

そしてもう一つは、同じ発言をされても、気になる人と気にならない人がいるということです。先ほどの●考えましょう3でも、○をつけたところが人によって違ったのではないでしょうか。もし、少しひっかかったとしても「明らかに差別されたわけじゃないし、わたしが気にしすぎているだけかもしれない」と考え、指摘したり尋ねたりできないままになるケースが多いのです。そしてちょっと後味の悪い、消化しきれない気持ちが残ります。

このように、明らかな差別や偏見と違って、わかりにくい部分が多く、受け取る側に差があることがマイクロ・アグレッションの問題を複雑にしています。

●考えましょう 4

「あれはマイクロ・アグレッションだったかもしれない」と思い当たることがありますか。自分が受けた側でも、与えた側でもかまいません。思い出した人は話してください。

_____
_____
_____

●考えましょう 5

マイクロ・アグレッションの問題を減らすために、どのようなことができると思いますか。以下の2点から考えてみましょう。考えたあとに、グループやクラス全体で話し合いましょう。

① 自分がマイクロ・アグレッションをしないためにどうすればよいでしょうか。

_____
_____
_____

② マイクロ・アグレッションを受けたときは、どのように対応すればよいでしょうか。

_____
_____
_____

マイクロ・アグレッションが起きるのは、日本だけに限りません。日本人が海外に出たときに「日本人の目は、ちっちゃくてかわいいよね。でもちゃんと見えているの？」「アジア人なのに数学が苦手なの？」などと言われることもあります。つまり皆がマイクロ・アグレッションを感じる立場になりえるわけです。こうして逆の立場を想像すると、思い込まれることがいかに窮屈か、そして無知がいかに誤解を生むかがわかりますよね。

　また、本当に悪意のない発言からむりやり悪意を感じ取ろうとする人もいます。そうなると、相手の思いやりから出た言動であっても届かなくなってしまうので、その気持ちをやわらかくすなおに受け取ることも大切ではないかと思います。

　'何を基準に「正解」とするのか、また「正解」と思い込んでいることがはたして本当に正しいのか？''相手をむりやり枠に閉じ込めようとしていないか？''この質問は相手を傷つけるものではないか？''相手の真意をゆがめてとらえていないか？'少し自問してみるといいかもしれません。

●まとめ

この章で考えたことや気づいたことをメモし、自分のまとめも書いておきましょう。

●参考文献

スー，デラルド・ウィン（著），マイクロアグレッション研究会（訳）（2020）『日常生活に埋め込まれたマイクロアグレッション――人種，ジェンダー，性的志向：マイノリティに向けられる無意識の差別』明石書店．（Sue, Derald Wing (2010) *Microaggressions in Everyday Life: Race, Gender, and Sexual Orientation.* Hoboken, New Jersey: John Wiley & Sons.）

第8章

今のあなたはどういう立場？
マイノリティとマジョリティ

● ウォーミングアップ

自由に考え、書いてください。
「北海道といえば…」

● 考えましょう 1

1. 下の文言の中で、問題になったものがあります。どれだと思いますか。

① 才能も、好き放題伸びる大地

② 海を渡る理由が、この大地にはある

③ 北海道は、開拓者の大地だ

④ 日本の四番は、北海道にいる

2. グループで話し合いましょう

　上の４つの文言は、プロ野球北海道日本ハムファイターズが2015年夏に新千歳空港に掲げた４種類の吊り下げバナーです。各バナーには、選手や監督の写真とともにキャッチコピーが書かれていました。

「才能も、好き放題伸びる大地」は、2018年よりMLBに移籍して今後はアメリカでの活躍が期待される投打二刀流の大谷翔平選手、「日本の四番は、北海道にいる」は強打者中田翔選手、「海を渡る理由が、この大地にはある」は台湾出身の陽岱鋼選手(2017年シーズンより読売ジャイアンツ)、「北海道は、開拓者の大地だ」は栗山英樹監督、といった具合です。

3. 問題になった文言は「北海道は、開拓者の大地だ」です。なぜでしょうか。理由を考えてみましょう。

●考えましょう 2

では続きの設問に答えてください。

1. 北海道には、もともとどんな人たちが住んでいたか知っていますか。その人たちについて知っていることを書き出しましょう。

2. 北海道にもともと住んでいた人たちにとって、「開拓者」とはどのような存在でしょうか。

3. グループでシェアしましょう。

4. あらためて、問題になった文言について考えてみましょう。

先に掲げたバナーですが、公益社団法人北海道アイヌ協会が「先住民族の権利を害した不適切な表現だ」と指摘したことからニュースとなり、球団側が謝罪したうえ、4枚とも撤去されました。それは2015年11月初旬のことですが、実は4か月以上もの間、だれかから指摘されて問題となることもなく掲げられていたということですから、多くの人はこの文言がアイヌ

の人たちを傷つけているとは気づかず、いたって自然に受け入れていたということになります。

わたしたちのこの悪意なき態度や姿勢はごく日常的に起きていることで、多くの場面で見過ごされています（第7章参照）。わたしたちはつい一方的なものの見方をする傾向があるのです。まず、わたしたちがそのことを自覚することが、大切なのでしょう。特に、「マジョリティ」の人たちは「マイノリティ」の人たちの立場を理解しようと努める必要がありそうです。

● 考えましょう 3

1. 「マジョリティ」と「マイノリティ」ということばから、どんなことを連想しますか。

　_____

　_____

2. あなた自身が「マジョリティ」になった経験、「マイノリティ」になった経験はありますか。

　_____

　_____

　_____

3. グループでシェアしましょう。

- -

「マジョリティ」「マイノリティ」という状態に「気づく」ということは、とても重要なことです。そして「気づく」とともに「知る」ことが大切なのは言うまでもありません。

さて、アイヌの人たちの話をしましょう。彼らは長い歴史の中で、北海道を拠点に和人（いわゆる「大和民族」）ともかかわり合ってきました。独自の文化をはぐくみながら、和人と交易を行ない、時に戦いながら、アイヌ民族として力強く生きてきました。それが、16世紀以降、和人によりアイヌの活動が制限されることになり、アイヌの人びとの交易活動が制約されることになったそうです。（参考：瀬川 2015）

さらに明治政府は、アイヌの言語や習俗を日本化する方針をとったため、彼らの苦難はより大きなものとなります。彼らの文化を否定し、彼らを「日本人化」させようとしたのです。彼らのことが正しく伝えられる機会は少なく、また大きく取り上げられることはほとんどないので、「知らない」人が多いのが現状のようです。

旭川市博物館館長の瀬川氏によるアイヌについて、また、アイヌと和人と縄文人の関係についての説明を、以下にまとめて紹介します。（参考：瀬川 2016）

> **アイヌとは...**
> - 近世には北海道を中心にサハリン南部、千島列島などに暮らしていた独自の文化と言語をもつ人びと。
> - 混血もあったが、形質的・遺伝子的に縄文人の特徴を濃くうけついでいる。
>
> **アイヌと和人の祖先は同じ縄文人**
> - (縄文文化ののち) 3000年ほど前、九州北部で水稲耕作をおこなう弥生文化が成立し、東北北部でも2500年ほど前には水稲耕作がおこなわれるようになった。しかし、北海道では水稲耕作がうけいれられず、本州とは異なる道をあゆむようになった。
> - 最近の遺伝子解析研究によると、弥生時代に朝鮮半島から渡来した人びとが縄文人と交雑して和人(本土人)になり、周縁の北海道と琉球には縄文人の特徴を色濃くもつ人びと、つまり琉球人とアイヌが残った。

●考えましょう 4

「平成29年 北海道アイヌ生活実態調査報告書」(北海道環境生活部 2018)を見てみましょう。「調査の対象」「調査対象とした世帯数・人数」として以下のような記述があります。

> この調査において、「アイヌ」とは、「地域社会でアイヌの血を受け継いでいると思われる方、また、婚姻・養子縁組等によりそれらの方と同一の生計を営んでいる方」とした。ただし、アイヌの血を受け継いでいると思われる方であっても、アイヌであることを否定している場合は調査の対象とはしていない。

> この調査におけるアイヌの人数は、「地域社会でアイヌの血を受け継いでいると思われる方、また、婚姻・養子縁組等によりそれらの方と同一の生計を営んでいる方」について、各市町村が把握することのできた人数であり、道内に居住するアイヌの人たちの全数とはなっていない。

「アイヌ」の人びとの定義や全体像の把握はむずかしくなっていることがわかりますね。ちなみにこの調査での対象者は、63市町村の5,571世帯、13,118人だったそうです。

では、上の二つの記述を読んだうえで考えてください。
現在、アイヌの人たちはどのように生活をしていると思いますか。

_____
_____
_____

● 考えましょう 5

ここで、今を生きるアイヌの人の生の声を聞いてみましょう。

1961年　旭川生まれ　女性
両親ともにアイヌ民族

> 家でアイヌ語を話すことはありませんでした。でも、まだおしめをしていたころ、親に背負われアイヌの人たちの集まりに連れていかれたことがあります。大人になってアイヌ語を学びはじめたとき、「ああ、この言葉は、あのとき聞いた言葉だ」とおもうことが何度もありました。

> 大人たちは私のことを「アイヌなのに頭がよい」といっていたそうです。

> （アイヌのことを母に質問したときの話）
> アイヌであることは、いやなこと、はずかしいことなのかとおもいました。（中略）あのとき、母が胸を張ってアイヌの説明をしてくれたら、とおもうときがあります。

> 教科書にはアイヌについて書かれていました。でも学校の先生は、なぜかそこだけ飛ばして説明しませんでした。アイヌは授業でとりあげる価値のないもの、ふれてはいけないものなのか、とおもいました。（中略）もし先生がしっかり説明してくれていたら、アイヌをはずかしいとおもう私の気持ちは、少しは変わっていたかもしれません。

> 26歳のとき、アイヌであることをはずかしくおもうのは、自分がアイヌのことをなにも知らないからではないか、と気づきました。

> アイヌ語を学んで感じたのは、陰影の深い言葉だということです。アイヌ語の「イランカラプテ」は「こんにちは」と訳されますが、そもそもは「あなたの心にそっとふれさせていただきます」という意味なのです。
> おもしろいことに、そうしたアイヌ語の陰影がわかってくると、深い意味も考えずに話している日本語にも興味がわき、なんだか愛おしくなってきました。（中略）
> 私のなかには、愛すべき二つの文化が存在している。いまではそのように感じているのです。

（瀬川 2015 より）

上のアイヌの人の話を聞いて、どんなことを感じましたか。

_____
_____
_____

● まとめ

この章で考えたことや気づいたことをメモし、自分のまとめも書いておきましょう。

● 参考文献・サイト

アイヌ民族博物館（監修），児島恭子（増補・改訂版監修）(2018)『アイヌ文化の基礎知識』(増補・改訂版)草風館．

瀬川拓郎(2015)『アイヌ学入門』(講談社現代新書)講談社．

瀬川拓郎(2016)『アイヌと縄文──もうひとつの日本の歴史』(ちくま新書)筑摩書房．

浪川健治(2004)『アイヌ民族の軌跡』(日本史リブレット)山川出版社．

ペウレ・ウタリの会50年記念誌編集委員会(編)(2016)『ペウレ・ウタリ──ペウレ・ウタリの会50年記念誌』ペウレ・ウタリの会．

北海道環境生活部(2018)「平成29年 北海道アイヌ生活実態調査報告書」．
http://www.pref.hokkaido.lg.jp/ks/ass/H29_ainu_living_conditions_survey.pdf
(2018年7月7日確認)

第9章

みんなが暮らしやすく！
ユニバーサルデザイン

● ウォーミングアップ 1

だれにとっても使いやすいもの、わかりやすいものは、右と左どちらでしょうか。

① 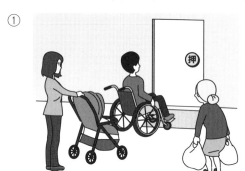　左／右　

② 　左／右　

③ 　左／右　

● ウォーミングアップ 2

1. 下のグラフを見てください。左が「悪い例」、右が「よい例」ですが、違いは何でしょうか。

_____

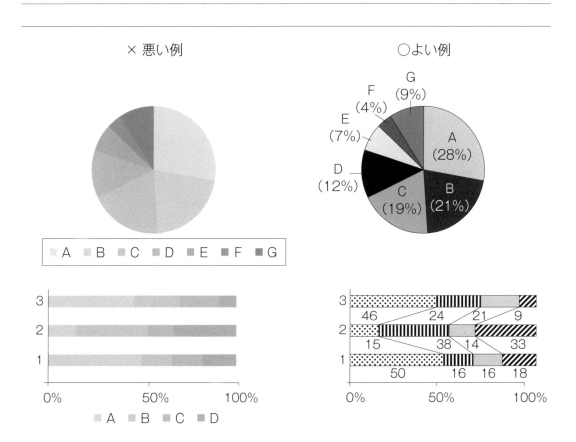

2. 上の「悪い例」は、ある人たちにとって特にわかりにくいグラフです。どのような人たちでしょうか。

_____

● ウォーミングアップ 1 はすべて、右が皆にとって使いやすいものになっています。たとえば①の自動ドアは、手で押して開ける必要がないので、車椅子に乗っていても、両手がふさがっていても、ドアを開ける力がなくても開けることができます。②の非常口の表示は、絵なら漢字が読めない子どもでも外国からの観光客でもすぐに理解できて便利です。③のエレベーターも、低いところにボタンがあれば、子どもにも車椅子に乗っている人にも使いやすいです。

第9章

●ウォーミングアップ ❷ を確認しましょう。左の「悪い例」は、健常者にとっても見やすいものではありませんが、色の区別がつきにくい[1]人がこの境目を認識するのは非常にむずかしく、グラフの意図が読み取れなくなる可能性が生じます。特に淡い色どうしの組合わせがわかりにくかったり、見え方が違ったりすることがあるため、次のような工夫が必要です。

① 淡い色の組合わせは避け、鮮やかで明るさの異なる色を組み合わせる。
② 円グラフや棒グラフなどでは、境界にはくっきりとした線を入れ、凡例は各領域に直接示す。
③ 模様(斜線や水玉など)をつけたり数値を記入するなど、色以外の情報を加える。

(参考:日本学校保健会「色のバリアフリーを理解するための Q&A」)

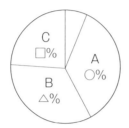 

最近は「**バリアフリー**」や「**ユニバーサルデザイン**」ということばをよく耳にするのではないでしょうか。ではこの２つの違いは何でしょうか、見ていきましょう。

バリアフリーは、障がいのある人・高齢者などのために、生活に障害となる物理的な障壁を削除するという、過去の反省に立った考え方で進化してきました。一方、ユニバーサルデザインは、アメリカの建築家で自身が障がい者だったロナルド・メイス氏が、「障がい者だけの特別扱い」であるバリアフリー対応設備にいや気がさして発明したものだそうです。最初から個人差や言語の違いなどに配慮し、すべての人に使いやすいものを作る設計手法として誕生しました。

たとえば、建物の玄関前のスロープを考えてみましょう。この建物に住むおばあさんが、車椅子を使うことになりました。その段差解消のためにスロープを付けるのが、バリアフリーの考え方です。一方、建物の設計時点からスロープを組み込み、だれにとっても使いやすく作っているのがユニバーサルデザインです。どちらもでき上がったスロープは同じなので、見ただけではわかりません。

さらに、普及の方法も大きく違い、「バリアフリーは法律等で規制する事で普及させる『行政指導型』ですが、ユニバーサルデザインは、良いものを褒めたたえ推奨する『民間主導型』」なのだそうです(参考:U／Bぷら)。

このように、発展した経緯や普及のしかたは違いますが、どちらも人に対する思いやりから

---

1. 以前は「色盲」「色覚異常」という表現がよく使われていました。しかし、これらの表現が、「色が全く区別できない」という誤解を生んだり、「正常ではない」という価値判断を含んでいるということで、他の用語への置き換えが検討され、関連学会では「○○型色覚」「色覚多様性」のような用語が使われるようになってきました。なお、この章では「色の区別がつきにくい」というわかりやすい表現を使うことにしました。

生まれたものです。大切にしたいですね。

> **ユニバーサルデザインとは**
> 高齢であることや障害の有無などにかかわらず、すべての人が快適に利用できるように製品や建造物、生活空間などをデザインすること。アメリカのロナルド＝メイスが提唱した。その7原則は、(1)だれにでも公平に利用できること。(2)使う上で自由度が高いこと。(3)使い方が簡単ですぐわかること。(4)必要な情報がすぐに理解できること。(5)うっかりミスが危険につながらないデザインであること。(6)無理な姿勢を取ることなく、少ない力でも楽に使用できること。(7)近づいたり利用したりするための空間と大きさを確保すること。UD。
> （『デジタル大辞泉』より）

●考えましょう 1

1. 歩道と車道の間の段差をなくしてなめらかにするという、バリアフリーの考え方があります。これは、どんな人にとって使いやすいでしょうか。逆に使いにくい人はいるでしょうか。

_____

_____

このように、一見使いやすくなったかに感じるものが、実はほかの人にとっては使いにくいことがあります。視覚障がい者のための黄色の点字ブロックが、車椅子の人やベビーカーを押している人、杖を使っている人にとっては歩きにくいこともあります。そこで、たとえば、横断歩道の端に視覚障がい者も車椅子利用者も認識しやすい縁石を使ったり、点字ブロックを歩道の中央に配置するなど、ユニバーサルデザインへの取組みが進められているそうです。このように、バリアフリーはある限定された問題を解決するためのもの、ユニバーデザインはだれにとっても過ごしやすい社会をつくるためのものと言えるでしょう。

---

2. 日常生活の中で「ユニバーサルデザイン」になっている物の例を挙げてみましょう。

_____

_____

_____

3. ユニバーサルデザインにするといいなと思うものの例を挙げてみましょう。そして、それをどのようにしたらいいかも考えてみてください。

例１）右利き用のはさみ　⇒　両利き用のはさみ
例２）漢字だけの看板　⇒　文字のない看板にする

ユニバーサルデザインにしたいもの	解決方法

　ユニバーサルデザインの例としては、シャンプーとリンスを見分けるためのボトル(側面や上部)のギザギザ、ひもを結ばずに履けるマジックテープ付きの靴などがあります。
　このように、さまざまな背景や文化、事情をもった人びとが共に安心して暮らすためには、皆がわかりやすく使いやすいものが必要になります。それがユニバーサルデザインです。
　たとえば、新学期の大学ではトイレの防犯ブザーが相次いで鳴る騒ぎが起きることがあります。留学生や外国人の教師がトイレに入ったあと、"呼出"と書かれているボタンを、水を流すためのボタンと勘違いして押してしまうからです。「流すボタンではありません」という注意書きもあるのですが、日本語がわからない人には意味をなしません。ある人にとっては間違うわけのない簡単なことも、違う人にとっては全く想像もつかないことになってしまうのです。そこでユニバーサルデザインを使って、どれが流すボタンでどれが防犯のボタン  かを、だれが見てもわかるようにすれば、こういった問題が解決できます。「外国人は日本のルールを守ってくれない」と嘆く前に、彼らにもわかる配慮がされているか、なにか工夫ができないか、ちょっと考えてみるとよさそうです。

●考えましょう 2

1. 幼稚園などでは、教員が子どもに対し「○○ちゃん、ピンクの色鉛筆を取って」という言い方をしないほうがよいことになっています。なぜでしょうか。代わりにどのような言い方をするとよいでしょうか。

   _____
   _____

2. あべ（2015）では、体の特性によって手や指を使ったじゃんけんができない人も楽しめる「だれでも参加できるじゃんけん」が提案されています。どのようなじゃんけんにすれば、より多くの人が楽しめるでしょうか。

   _____
   _____

3. われわれが学校や会社などでできるユニバーサルデザインへの取組みはあるでしょうか。考えてみましょう。

   _____
   _____
   _____
   _____

1の答を言いましょう。教育現場では、色の区別がつきにくい子どもたちにもわかるように、「○○色の〜」という言い方ではなく、「右から3本目の〜」「いちばん長い〜」などの表現を使うように配慮されています。ちょっとした表現の違いで、みんなが理解できるようになるわけです。また、教師が黒板に赤色のチョークで書くと、その色づかいが非常に見にくく、読むのに困ることもあります。それを避けるため、天神白墨という会社では、みんなに見やすいピンク系の色に改良したそうです。でももしそういう色がなかったら、赤色のチョークで強調するのではなく、アンダーラインを引いたり、マークをつけたりするなどの工夫でカバーできそうですね。

●ウォーミングアップ 2 で見たグラフも同様です。プレゼンテーションの前に、ちょっと意識して作り方を工夫するだけで、みんなにとってわかりやすく、明確に伝わるものになります。「デザイン」と聞くとなかなかハードルが高そうですが、ユニバーサルデザインの考え方は、われわれの日常生活でも導入できそうです。たとえばごみの分別や設備の使い方など、習慣の違いに慣れるのはなかなかむずかしいことですから、外国人のいる寮や会社では、見てすぐにわかるイラストやポスターを貼っておくとよいでしょう。

第9章

● 考えましょう 3

1. 「多目的トイレ」「だれでもトイレ」「多機能トイレ」などを見たことがありますか。
   どういった点がどんな人にとって便利だと思いますか。
   _____
   _____

2. このトイレを、健常者が使うことをどう思いますか。
   _____
   _____

3. このトイレを健常者が利用するので、本当に必要とする人や緊急を要する人が使えないことがあるそうです。そんな問題を回避するために、「優先トイレ」「○○専用トイレ」などの名称にして、利用者を限定したほうがよいと思いますか。
   _____
   _____

4. 「ユニバーサルデザイン」や「バリアフリー」が抱える問題点、注意点について考えましょう。

● まとめ

この章で考えたことや気づいたことをメモし、自分のまとめも書いておきましょう。

● 参考文献・サイト

あべ・やすし(2015)『ことばのバリアフリー──情報保障とコミュニケーションの障害学』生活書院.

国土交通省「道路：歩行空間のユニバーサルデザインの推進」.
　http://www.mlit.go.jp/road/road/traffic/bf/index.html　（2018年11月10日確認）

天神白墨「目にやさしいチョーク」.
　http://www.tenjin-chalk.co.jp/eye.html　（2018年7月21日確認）

日本学校保健会「色のバリアフリーを理解するためのQ＆A」.
　http://www.gakkohoken.jp/themes/archives/7　（2018年7月21日確認）

U／Bぷら「ユニバーサルデザイン／バリアフリー ぷらざ」.
　http://ud-shizuoka.jp/ubpla/　（2018年8月28日確認）

第10章

自分の家の近くはだめ？
沖縄

●ウォーミングアップ 1

「NIMBY」ということばを知っていますか。これは"Not In My Backyard（直訳：うちの裏庭にはだめ）"の略語で、「必要な施設だけれど、わたしの家の近くに建てるのは認められない」という意味です。

今までにそういった経験はありましたか。（経験がない場合は、見聞きしたことを挙げてみてください。）

_____

_____

●ウォーミングアップ 2

琉球王国成立以降の沖縄の歴史は、大きく4つに分類することができます。

1429年～1872年	「琉球王国」時代
1872年～1945年	「明治政府・大日本帝国」時代
1945年～1972年	「アメリカ統治下」時代
1972年～現在	「日本」時代

沖縄は1945年にアメリカの統治下となったあと、何回かの改変を経て、1952年「琉球政府」という行政組織となり、1972年5月15日に「沖縄県」として本土復帰しました。

アメリカ統治下の時代から、沖縄には米軍基地があります。その基地を見たことがありますか。

Yesの場合：基地を見てどう感じましたか。

_____

Noの場合：沖縄の米軍基地のニュースを見聞きしたとき、どう感じましたか。

_____

1872年まで沖縄は「琉球王国」という国でした。1872年に当時の明治政府により「琉球藩」に変えられ、さらに1879年の廃藩置県で琉球藩から「沖縄県」に変えられました。その後、第二次世界大戦で米軍(正確には連合軍)の侵攻を受け、終戦後はアメリカ統治の時代が1972年までの27年間続きました。このアメリカ統治下時代は、通貨はドルで、日本本土へ行くには「琉球列島米国民政府(1950年までは「琉球列島米国軍政府」)」が発行するパスポートが必要で、いわゆる「日本」ではありませんでした。そして、1972年に本土復帰が実現し、現在のように日本国の「沖縄県」となりました。

1945年3月から6月にかけて、沖縄県(特に沖縄本島)で、米軍(正確には連合軍)と日本軍との地上戦である「沖縄戦」がありました。その「沖縄戦」の最中から沖縄の米軍基地建設が始まり、1945年から1972年のアメリカ統治下時代、そして、1972年5月15日の本土復帰後から現在に至るまで、沖縄は米軍基地と共に歩みつづけてきています。

●考えましょう 1

平成30年版『防衛白書』第Ⅱ部第4章第3節4「沖縄における在日米軍の駐留」では、

> 沖縄県内には、飛行場、演習場、後方支援施設など多くの在日米軍施設・区域が所在しており、18(同30)年1月1日時点でわが国における在日米軍施設・区域(専用施設)のうち、面積にして約70%が沖縄に集中し、県面積の約8%、沖縄本島の面積の約14%を占めている。このため、沖縄における負担の軽減については、前述の安全保障上の観点を踏まえつつ、最大限の努力をする必要がある。

と記されています。そして、沖縄県に米軍基地の70%が集中している状況について、次のようなアンケート結果があります。

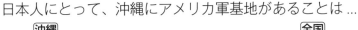

日本人にとって、沖縄にアメリカ軍基地があることは...

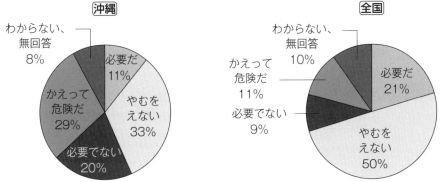

河野啓(2017)「沖縄米軍基地をめぐる意識 沖縄と全国 〜2017年4月「復帰45年の沖縄」調査〜」より
※合計が100%とならないが、出典のままとした。

1. 沖縄調査と全国調査で差がありますが、これについて、あなたはどう考えますか。

　　_____
　　_____
　　_____

2. 「やむをえない」と答えた人が沖縄調査、全国調査ともに多いですが、なぜ「やむをえない」のか、沖縄調査と全国調査のそれぞれについて具体的な理由を考えてみましょう。

　沖縄調査：_____
　　_____
　　_____

　全国調査：_____
　　_____
　　_____

●考えましょう 2

沖縄にある米軍施設・区域は18,496.1ha、その用途別では以下のとおりです。

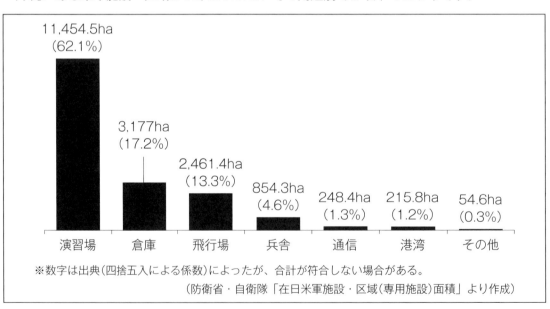

演習場　11,454.5ha（62.1%）
倉庫　3,177ha（17.2%）
飛行場　2,461.4ha（13.3%）
兵舎　854.3ha（4.6%）
通信　248.4ha（1.3%）
港湾　215.8ha（1.2%）
その他　54.6ha（0.3%）

※数字は出典（四捨五入による係数）によったが、合計が符合しない場合がある。
（防衛省・自衛隊「在日米軍施設・区域（専用施設）面積」より作成）

前ページのグラフを見ると、「演習場」の面積が圧倒的に大きいことがわかります。
では次に、沖縄県内の米軍演習場名とその面積を具体的に見てみましょう。

ちなみに東京ドームは4.6755haです

県内最大の演習場 ↓

施設・区域名	用途	軍別	所在地	面積
キャンプ・ハンセン	演習場	海兵隊	沖縄本島	4,811.4 ha
北部訓練場	演習場	海兵隊	沖縄本島	3,533.1 ha
キャンプ・シュワブ	演習場	海兵隊	沖縄本島	2,062.6 ha
伊江島補助飛行場	演習場	海兵隊	伊江村	801.5 ha
沖大東島射爆撃場	演習場	海軍	北大東村	114.7 ha
黄尾嶼射爆撃場	演習場	海軍	石垣市	87.4 ha
金武ブルー・ビーチ訓練場	演習場	海兵隊	沖縄本島	38.1 ha
出砂島射爆撃場	演習場	空軍	渡名喜村	24.5 ha
赤尾嶼射爆撃場	演習場	海軍	石垣市	4.1 ha
鳥島射爆撃場	演習場	空軍	久米島町	3.9 ha
津堅島訓練場	演習場	海兵隊	沖縄本島	1.6 ha
金武レッド・ビーチ訓練場	演習場	海兵隊	沖縄本島	1.4 ha
久米島射爆撃場	演習場	空軍	久米島町	0.2 ha

↑ 県内でいちばん面積が小さい演習場

1. この沖縄県内の演習場のうち、たとえば「キャンプ・ハンセン(4,811.4ha/県内比率26.0％)」をあなたの住んでいる地域に移転するという話になったら、あなたは賛成しますか、反対しますか。その理由は何ですか。

賛成：＿＿
＿＿＿
＿＿＿

反対：＿＿
＿＿＿
＿＿＿

2. 県内でいちばん狭い「久米島射爆撃場(0.2ha/県内比率0.0011%)」をあなたの住んでいる地域に移転するという話になったら、あなたは賛成しますか、反対しますか。その理由は何ですか。

賛成：_____
_____
_____

反対：_____
_____
_____

●考えましょう 3

今あなたが沖縄県外に住んでいる場合、たとえばあなたの住んでいる地域に米軍基地を引き取るといった活動に署名を求められたら、どうしますか。

_____
_____
_____

　この章は、沖縄県外に住んでいる人たちに向けて作ったため、現在 沖縄県に住んでいる人たちにとっては、使いにくいかもしれません。

　しかし、沖縄県といっても、さまざまな島嶼があり、人口密集地と過疎地との意見の違いというのも、あります。

　この章を読んでいる沖縄の在住の皆さんには、「人口密集地・市街地」と「過疎地」との間のNIMBY問題について、考えてみてもらえればと思います。

　また、さらにこのNIMBY問題は、「旧住民・新住民」という問題として考えていくことも重要です。「旧住民・新住民」の問題は一言では説明できないたぐいのものですが、あえて一例を挙げると「過疎状態であっても自然が豊かな状態を望む新住民」と「人口増と経済的発展を望む旧住民」の間のNIMBY問題という議論の立て方もできます。

　沖縄は、今、それらの問題が、集中して顕在化している地域でもあるとも言えます。今こそ、しっかりとこれらに向かい合っていかなければならないと思います。

まとめ

この章で考えたことや気づいたことをメモし、自分のまとめも書いておきましょう。

参考文献・サイト

河野啓(2017)「沖縄米軍基地をめぐる意識　沖縄と全国 〜2017年4月「復帰45年の沖縄」調査〜」『放送研究と調査』67巻8号，pp.18-31，NHK出版．

防衛省・自衛隊「在日米軍施設・区域（専用施設）面積」．
　http://www.mod.go.jp/j/approach/zaibeigun/us_sisetsu/pdf/menseki_h300331.pdf
　（2018年10月31日確認）

防衛省・自衛隊「平成30年版防衛白書」．
　http://www.mod.go.jp/j/publication/wp/wp2018/w2018_00.html　（2018年9月18日確認）

第11章

ひとくくりはあぶない！
ステレオタイプ

● ウォーミングアップ

以下の2つの文章を読んでください。日本に短期留学したオーストラリア人学生の、ホームステイについての感想です。

> Aさんの感想
>
> 日本人の家族は、想像していた以上にあたたかくてすてきな家族でした。わたしがホームステイした鈴木家は、お父さん、お母さん、小学生のさっちゃんとナオちゃんの4人家族でした。お父さんの趣味はケーキ作りなので、週末にはさっちゃんとナオちゃんと、そしてわたしの4人でケーキを作りました。それをお母さんはうれしそうに見ながら、いろいろなことを話します。ある日、小さいナオちゃんが小麦粉の袋を落としてキッチン全体がまっ白になってしまったときも、だれも怒らず、笑いながらナオちゃんに「だいじょうぶ」と言ってみんなで掃除しました。ナオちゃんも小さい手で一生懸命掃除していました。わたしは今回、日本人の家族と共に過ごし、オーストラリアの家庭がなくしてしまった家族のあたたかさ、家庭の教育力に感銘をうけました。

> Bさんの感想
>
> わたしがホームステイした家には高校生の娘さんがいましたが、彼女とはずっと話ができませんでした。食事もあまりいっしょに食べず、いつも不機嫌そうな顔をしていました。だんだんわかってきたのですが、彼女は制服を着て朝家を出ても、学校には行かないでゲームセンターに行ったり友だちの家でタバコを吸ったりして過ごしているのでした。ステイが終わるころにやっと話してくれた彼女の話は、ほんとうにせつないものでした。彼女の両親はもうすぐ離婚することになっていて、彼女の不機嫌もそれが原因であること、しかも、両親とも彼女の不登校や喫煙を知っていること、だから家にはなるべくいたくないこと。わたしは彼女に同情し、そしてその両親には強い憤りを感じました。日本の家族は崩壊しています。

あなたは、ここにどんな問題があると思いますか。メモを書いたら、近くの人と話してみてください。

この二人が日本に短期留学中、ホームステイをしたのは一つの家庭だけです。それぞれ、その家族のことしか知らないわけです。にもかかわらず、二人とも「日本人の家族は～」「日本の家族は～」と言ってごくわずかな自分の経験を一般化して断定しています。Aさんは「オーストラリアの家庭がなくしてしまった家族のあたたかさ」とも言っていますが、どういう根拠から言っているのか不明ですね。このように、ある集団をひとくくりにして、その人びとには共通の固定した性質があるとする考え方を、本質主義、あるいは文化本質主義と呼びます。そして、本質主義は、ある集団の人びとに対するステレオタイプ（先入観や思い込み、固定観念）をつくってしまいます。ステレオタイプは説明としてはわかりやすいかもしれませんが、危険な側面があります。

　海外で暮らしたことがある日本人は、もしかすると、こわれた家電製品を修理に出したら「日本人なのに自分で修理できないの？」と言われたり、「空手、教えて！」などと当然のように言われたりした経験があるかもしれません。日本人ならみんな空手ができて、手先が器用なので家電製品の修理など自分でできると思っている人がいそうです。

　このようなことが自分の身に起こると、理不尽や滑稽さを切実に感じるのですが、しかし実は、わたしたちは日常の中で、この本質主義にしばしば陥ってしまいます。「○○人は△△だ」「あの人は○○人だから△△なのか」、あるいは「女の子なんだから、そんな△△はおかしい」「男のくせに△△だ」というような物言いです。その根本にあるのは、○○人には全員に同じ性質がある、男性はみんな△△であるべきだ、という「ひとくくり主義」の考え方です。そして、そんな「ひとくくり主義」は、語学の教科書の中にも潜んでいます。

●考えましょう 1

1. 日本語教科書の中のジェンダー規範について考えてみましょう。表1は、初級と中級の教科書18冊に現われる、女性の職業と男性の職業を調べた結果です。

【表1】 職業上位6種

女性			男性		
1位	デパート店員	14名	1位	小売り店員	24名
2位	受付	12名	2位	教師	21名
2位	小売り店員	12名	3位	医師	10名
4位	ウェートレス	8名	4位	警官	9名
5位	教師	7名	5位	駅員	6名
6位	デパート案内係	6名	5位	郵便局員	6名

（水本 2013より作成）

表1から感じたことを書いてみてください。

_____
_____
_____

2. 表2は、北米でよく使われている初級日本語教科書『げんき』の練習問題で、女性と男性が形容詞や動詞でどのように表現されているかを示したものです。

【表2】『げんき』の練習問題で女性と男性を表現する形容詞と動詞

女性	男性
親切、きれい、やさしい、 （ドレスを選ぶのに時間がかかり）彼を待たせる、 彼のためのセーターを編む、 シャツにアイロンをかける、 部屋を掃除する、 彼の文句を聞く、彼の靴を磨く	おもしろい、元気、 かっこいい、背が高い、 カバンを持つ、 タイヤを交換する、 彼女に高いプレゼントを買う

（熊谷2008より作成）

① 表2から感じたことを書いてみてください。

_____
_____
_____

② 表1と表2から感じたことについてのメモをもとに、まわりの人たちと話してみてください。

　外国語としての日本語の教科書は、日本社会をあまりよく知らない人が日本という社会を知る一つの重要な窓口です。しかし、【表1】は、比較的社会的地位の高い公務員などの仕事をしているのは男性で、女性は主としてサービス業で働いているという社会構造を、著者が意図している／していないにかかわらず、印象づけてしまうかもしれません。また、【表2】を見て、「女性には女性の役割があり、男性にも男性の役割がある。それを日本語の教科書に載せることは当然だよ」と思う人もいるかもしれません。そして、日本の社会は他の社会と比べた場合、「これらの教科書が表わすとおりだ。だから、日本語学習者にこうした情報をもってもらうことは当然必要なことだ」という考えもあると思います。一方で、「えー、変だなぁ」と思う人もいるかもしれませんね。女性でもタイヤ交換が得意な人はいるし、男性で編み物が趣味だという人もいます。

たとえば、「女性は丁寧なことばを使う」「日本人は従順だ」「男性はタイヤ交換ができる」「インド人は数学が得意」「彼は雪国出身だから我慢強い」「〇〇人は声が大きい」「〇〇人はけちだ」「〇〇人は時間にだらしない」などの発言を聞くとき、わたしたちはそこに知らず知らずのうちに巻き込まれて、そして「そうだね、うんうん」などと同意してしまうかもしれません。そうすると、それはいつか「あたりまえの現実」として人びとの意識に刷り込まれ、政治の世界や教育現場、あるいは警察の捜査などにさえも、影響を与える可能性があります。

また、このような表現は、表現される人たち自身にも影響を与えてしまうかもしれません。つまり、女性が「女性らしく」あるためには丁寧なことばを使うべきなんだ、男性が「男性らしく」あるためには、タイヤ交換をしっかりできなければならないんだ、というように。こうしてわたしたちの意識や行動は、他の人びとがいだいているステレオタイプ的な知識に、左右されてしまうこともあるのです。

●考えましょう 2

次の文章は、ベトナム人留学生フォンさんのスピーチです。読んでください。

> わたしはチャン・ティ・フォンです。ベトナムから来ました。大学１年生です。
> 今日は「ベトナム戦争から考えた国際関係」についてお話しします。
> この間、基礎演習の授業で、先生からこんな質問をされました。
> 「ベトナムは中国、フランス、アメリカの植民地でした。あなたはそれらの国の人たちのことをどう思いますか」
> 先生のこの質問への答について、皆さんにぜひ聞いてほしいと思います。
> わたしが生まれたころにはベトナム戦争が終わって、すでに20年経っていました。
> しかし、いまだに戦争の跡がベトナムには残っています。わたしは、戦争で犠牲になった遺族の悲しみや化学兵器で障がいを負った人びとの苦しみをずっと見てきました。わたしの叔父もベトナム戦争で亡くなりました。そして、子どものころ、おじいさんがよくベトナム戦争の話をしてくれました。
> ベトナムでの戦争は、中国、フランスそしてアメリカと1,000年以上続きました。テレビは現在でも、戦争をテーマとしたドキュメンタリーなどを放送していて、わたしたちベトナム人にとって戦争の印象はまだ強く残っています。前世代の人びとが戦争に出て、自国のために勇敢に戦っていたことをいつも誇りに思いながら、相手の国に対する怒りもいだいていました。中国人、フランス人、アメリカ人のせいで、ベトナム人が苦しめられた、中国もフランスもアメリカも、みんな悪い人たちばかりの国だとわたしは思っていました。
> わたしはその思いをもったまま日本に来ました。専門学校で２年間日本語を勉強しました。この学校はほとんど外国人でしたが、最初はどうしても戦争相手の国の人たちを、好きになれませんでした。
> わたしの国は雪が全く降りません。新潟での冬を迎え、とても寒かったので、学校の近くに引っ越すことにしました。急に引っ越したので、部屋がなく、わたしは中国人オウエイさんとルームメイトになりました。初めのうち、あまり好きじゃない中国人とルームメイトになるなんてだいじょうぶかなと不安を感じていました。

> しかし、オウエイはいつもわたしに気をつかってくれました。ある日、彼女から「ねぇ！フォンちゃん、ご飯食べた？ご飯たくさん作ったけど、よかったらいっしょに食べない？」と話しかけてくれました。小さなことですが、それがきっかけで毎日彼女と話すようになり、家族の話から、恋愛まで、なんでも打ち明けられる存在になりました。オウエイと生活を共にしたことで、わたしがずっといだいていた誤解が解けました。それから、フランス人の友だちもアメリカ人の友だちもできました。
>
> わたしは今まで勝手にその国の人たちが悪いと思っていましたが、その考えは違うと思うようになりました。そして、戦争は忘れないけれども、今は別の考えのほうがいいとわかり始めました。実際にこの人たちと知り合って友だちになって、そしてみずから感じることが大事だと考えるようになりました。
>
> 考え方を変えてから、わたしは世界中にお友だちができました。心を開いてお互いにわかり合えば、親しくなります。これからもっといろいろな国の人たちとの友情を深めたいです。

フォンさんのスピーチを読んで考えたこと、気づいたこと、疑問に思ったこと、思い出したことを書いてみましょう。書いたら、まわりの人と話してください。

フォンさんは日本に来て、中国人のオウエイさんと会って友だちになって、それまでもっていた「中国人はみんな悪い人」という本質主義的な考えを変化させていきました。子どものころから、わたしたちはフォンさんと同じように、ナイーブ（単純すぎる、無警戒に無邪気すぎる）で本質主義的なステレオタイプを、学校や家庭、メディアなどを通して刷り込まれます。ある集団をひとくくりにして理解しようとするステレオタイプのわかりやすさとともに、その危険性にも、今、わたしたちは気づかなければなりません。

● 考えましょう 3

1. 今日の授業の内容から、あなたはどんなことを思い出しましたか。思い出したことを書いてください。
   _____
   _____
   _____

2. なぜ、その知識や情報、体験などを思い出したのか、その理由を考えてみてください。
   _____
   _____
   _____

3. 今日の授業内容について、あなた自身の意見や立場を書いてください。
   _____
   _____
   _____

4. グループになり、上の1～3について話し合ってください。まず、一人ずつ自分について話してください。それに対してほかの人がコメントや質問をしてください。よい悪いではなく、それぞれの思いを述べて対話しましょう。

● まとめ

この章で考えたことや気づいたことをメモし、自分のまとめも書いておきましょう。

● 参考文献

熊谷由理(2008)「第6章『日本語を学ぶ』ということ——日本語の教科書を批判的に読む」佐藤慎司・ドーア根理子(編著)『文化, ことば, 教育——日本語/日本の教育の「標準」を越えて』pp.130-150, 明石書店.

齋藤直子(2017)『結婚差別の社会学』勁草書房.

水本光美(2013)「日本語教科書における女性の職業——教科書分析と日本語教師の意識調査分析」『基盤教育センター紀要』16号, pp.19-43, 北九州市立大学.

好井裕明(2007)『差別原論——〈わたし〉のなかの権力とつきあう』(平凡社新書)平凡社.

第12章

国って愛さなきゃいけないの?

ナショナリズム

●ウォーミングアップ 1

オリンピックやサッカーのワールドカップなどスポーツの国際試合で、自分の「国や地域」を応援しますか。それはなぜですか。　　応援する　／　応援しない

理由：_____

_____

_____

_____

●ウォーミングアップ 2

「ナショナリズム」ということばについて、聞いたことがありますか。
どんなときに、どんなことを聞きましたか。　　聞いたことがある　／　聞いたことがない
[どんなとき・どんなこと]

_____

_____

_____

●考えましょう 1

1. 「ナショナリズム」は国家主義や民族主義、国民主義などと訳されることもあります。
  このことばから、どんなことを連想しますか。思いついた単語をどんどん書いてください。
  プラスのイメージとマイナスのイメージとに分けて書いてみましょう。

プラスイメージ	マイナスイメージ

2. 1について、グループのメンバーと話してみてください。
　ほかの人と同じイメージはありましたか。違うものはありましたか。下の表に書いてみましょう。
　そこから、「ナショナリズム」とはどのようなものか、考えてみましょう。

同じイメージ	違うイメージ

ナショナリズムとは：
[プラスイメージ]

[マイナスイメージ]

　ここ数年、いろいろな場面で**ナショナリズム**ということばを耳にするようになりました。でも、ナショナリズムって何なのでしょうか。よく使われる割には、すっきりとうまく説明できないことばなのではないでしょうか。

　ナショナリズムの定義は専門家の間でもむずかしいとされています。ここでは、「自らが所属するネイション(国家・国民・民族)を尊重する意識と行為の一般」(大澤ほか 2014)という定義を採用しておきましょう。フランス革命(1789-99年)時の「国家は国民のもの」や「自分たちのことは自分たちで決める」という考え方がナショナリズムの源流であったと言われています。

　しかし、自分が所属する国家や国民や民族を尊重することによって、意識的にせよ無意識にせよ、「わたしたち」という集団(内部)と、「あの人たち」という集団(外部)とが区別されることになります。集団内では、お互いに面識がなくてもすぐに「〇〇人」や「〇〇民族」という仲間意識をいだくことができ、その意識に基づいて日常生活を送ったり、場合によってはその集団のために命をかけたりすることもあると指摘されています。

　あなたは、このようなナショナリズムは自分とは関係のない、高度で政治的な問題だと思っていませんか。国家や国民や民族は、一見、自分から遠くにあるような概念ですが、実は、わたしたちの日常のいろいろな場面に入り込んでいるのです。

●考えましょう 2

「おもてなし」ということばについて考えてみましょう。

どんなときに使われますか。「サービス」とは違いますか。どのような意味でしょうか。簡単に書いてみましょう。

どんなとき	
サービスとの違い	
意味	

「おもてなし」ということばは、2013年の「流行語」です(「『現代用語の基礎知識』選 ユーキャン新語・流行語大賞」)。それまでもよく知られたことばでしたが、2020年の東京オリンピック招致活動の中で用いられ、「日本に根付く歓待の精神」としてさらに注目されたという経緯があります。実際、このことばによって日本の文化への賞賛やあこがれが表わされることも多いのではないでしょうか。でも、考えてみてください。あなたは、日本以外で「おもてなし」を受けた経験がありませんか。あるいは、そのような場面を見たことがありませんか。

たとえば、吉野(1997)は、異文化間コミュニケーションにおいて、ステレオタイプ化された文化の違いが繰り返し強調されることによってナショナリズムが促進されるという問題を指摘しています。これを簡単にまとめてみると、以下のように提示できます。

① 文化の送り手(例:本を書く人)
　→文化の違いをステレオタイプ化する

理解できない人にわかりやすく示そう!

② 文化の伝え手（例：教師）
→文化の違いを繰り返し強調する（その１）

③ 文化の受け手（例：留学生）
→文化の違いを繰り返し強調する（その２）

　上記では、文化間の「違い」が固定化され、それが次々と再生産されています。もちろん、違いのステレオタイプ化も問題ですが、その違いが批判されることのないまま強化されていくことにも注意が向けられるべきでしょう。このことによって、たとえば「日本文化を理解できる人（イコール日本人）」と「日本文化を理解できない人（イコール日本人以外）」とが明確に分けられ、そのような立場に立ったコミュニケーションが展開されることになります。また、このようなプロセスにかかわるのが、いわゆるナショナリストと呼ばれるような思想をもった人びとではなく、むしろ異文化を理解したいと思い、異文化間コミュニケーションに積極的にかかわろうとしている人びとであるという問題も指摘されています。つまり、おもてなし＝日本独自のもの、日本文化、日本人にしかできないこと、のような考えが、無意識のうちに人びとのコミュニケーションの結果としてつくられていくということです。

　国家や国民や民族は文化に基づいて語られる場面が多いため、少し注意が必要になるかもしれません。あなたは、理解できないことをすべて「文化の違い」という一言で片付けてしまっていませんか。その一方で、その違い自体がどんなものであるのか、考えたことがなかったりしませんか。あいまいにしたまま受け入れている自分の「あたりまえ」について、もう一度考えてみませんか。「おもてなし」の違う面が見えてくるかもしれません。もちろん、このことは「おもてなし」自体の存在や価値を否定するということではありません。

●考えましょう 3

今度は少し政治的な問題について考えてみましょう。
次の新聞記事のリード（導入文）を読んでください。

> 　ドイツ・ボンで開かれているユネスコ（国連教育科学文化機関）の世界遺産委員会は５日、「明治日本の産業革命遺産　製鉄・製鋼、造船、石炭産業」を全会一致で世界文化遺産に登録することを決めた。一部の炭鉱などで植民地時代に朝鮮半島出身者が動員された「徴用工」

> の説明をめぐって日韓が対立していたが、合意にこぎつけた。
> (「明治の産業遺産、登録決定『徴用工』表現、日韓合意　世界遺産」『朝日新聞』2015年7月6日)

1. 下線部の「日韓が対立していた」点について、もう少し詳しく調べてみましょう。

   _____
   _____
   _____
   _____
   _____

2. 上記のような対立は、しばしば「歴史認識」をめぐる問題だと言われます。「歴史」を「理解」するということについて考えてみましょう。

   ① 記事の中で問題になっているような歴史について、知っていましたか。
   　それはなぜですか。　　　知っていた　／　知らなかった
   　理由：_____
   _____
   _____

   ② あなたは、いつ、どこで、どのように歴史を学びましたか。
   　それは、だれが書いたものだと思いますか。何のために学ぶのでしょうか。

いつ	
どこで	
どのように	
だれが	
何のために	

   ③ 歴史について、なにか疑問に思うことはありませんか。

   _____
   _____
   _____

3. 2について、グループのメンバーと話してください。
なにか気づいたことがあったらメモしておきましょう。

●考えましょう 3 では、最初から「わたしたち」と「あの人たち」という線引きが明らかな事柄を取り扱いました。いわゆる国益の絡む政府間の立場の違いが、個人の考え方に影響を及ぼしたり、個々人間の対立に発展したりする場合もあります。しかし、政府間の主張の違いについては、専門的な検討が必要です。そのうえ、政治的な解決については、外交上のさまざまな要因が絡み一筋縄ではいきません。そうした事情を考えることなく、「わたしは日本出身だから日本政府が正しいと思う」と言うのでは、結局は感情論に終わってしまうでしょう。正しさを競う討論ではなく、参加者全員で考えを積み上げ、自分の考えになにかが加わったと思うことのできるような対話を目指したいものです。

これは、そのためのひとつの提案です。政府見解そのものではなく、政府見解で使われていることばや論理について考えてみましょう。今回取り上げたのは、「歴史認識」でした。では、なぜ「歴史」がそのように問題になるのか、そもそも「歴史」とは何なのかについて考えてみましょう。これには、政府間の立場の違いを棚上げにするということではなく、そのような違いについて考える前提を参加者全員で検討するという意味があります。このような共通認識をつくろうとする活動もまた対話と呼ぶことができるでしょう。「歴史とは何か」についてひとりひとりが自分の考えを語ることができれば、お互いの考え方の違いだけでなく共通する部分も発見できるかもしれません。前提認識が共有されてこそ、その後のコミュニケーションが可能になります。

政治的な問題はむずかしいと敬遠されがちですが、上記のように、論争で使われている基本的なことばの意味や、用いられている理論や論理（理屈）について考えるのもひとつの方法です。これには、専門分野での特別な知識は問われません。問われているのは、むしろ、わたしたちのことばに対する感度のようなものだと思います。イギリスのシティズンシップ教育をリードした政治学者 バーナード・クリックは、政治を理解することのできる政治リテラシーの重要性に言及し、「政治リテラシーを高めるには、日常言語を使いこなし、あるときは意味を限定して研ぎ澄まし、あるときは曖昧な意味を解きほぐさなければならない」と述べています（クリック 2011）。本章でも、このことを実践しようと試みています。あなたの日常からイメージされることばを通して、ナショナリズムとは何かについて考えたように、「おもてなし」と

いうことばを通して、文化とナショナリズムとの関係について考えたように、そして、「歴史」ということばを通して、ナショナリズムにあおられがちな論争ではなく対話のための共通の土俵をつくることを考えたように。

● まとめ

この章で考えたことや気づいたことをメモし、自分のまとめも書いておきましょう。

● 参考文献

大澤真幸・塩原良和・橋本努・和田伸一郎（2014）『ナショナリズムとグローバリズム——越境と愛国のパラドックス』（ワードマップ）新曜社.

クリック，バーナード（著），関口正司（監訳）（2011）『シティズンシップ教育論——政治哲学と市民』（サピエンティア）法政大学出版局．(Crick, Bernard (2000) *Essays on Citizenship*. London: Continuum.)

「明治の産業遺産，登録決定『徴用工』表現，日韓合意　世界遺産」(2015)『朝日新聞』2015年7月6日.

吉野耕作（1997）『文化ナショナリズムの社会学——現代日本のアイデンティティの行方』名古屋大学出版会.

第3部

言語間の平等を考える

第13章

「ことばができる」ってどんなこと?
国境を越える子どもの言語習得

●ウォーミングアップ 1

1. 次の質問について、そう思うかどうか、Yes／No で答えてください。
   ① 英語圏に留学すれば、英語がじょうずにしゃべれるようになる。　　　　　　　　［Yes／No］
   ② 帰国子女は英語が話せていい。　　　　　　　　　　　　　　　　　　　　　　　［Yes／No］
   ③ ことばを学ぶには、その国に行くのがいちばんよい方法だと思う。　　　　　　　［Yes／No］
   ④ 外国語が話せる人は勉強ができると思う。　　　　　　　　　　　　　　　　　　［Yes／No］
   ⑤ 日本に住んでいる外国人は自然に日本語が話せるようになる。　　　　　　　　　［Yes／No］
   ⑥ 日本に住んでいる外国籍の子どもたちは、すぐに日本語が身につく。　　　　　　［Yes／No］
   ⑦ 日本に住んでいる外国籍の子どもたちは、二か国語が話せて有利だと思う。　　　［Yes／No］

2. あなた自身のことについて考えてください。
   ① 幼少時から外国で生活したかったと思いますか。　　　　　　　　　　　　　　　［Yes／No］
      （体験者は、外国で生活してよかったと思いますか。）
   ② なぜですか。

   _____

●ウォーミングアップ 2

1. 「海外にルーツがある人」とは、どんな人のことだと思いますか。

   _____
   _____

2. あなたのルーツについて考えてみましょう。

   _____
   _____

> ルーツ(roots)：「根」ということになるのは、「どこから来たのか」ということです。

「ことばができる」ってどんなこと？

●考えましょう 1

海外で過ごした経験がある「日本人大学生」に海外経験について聞いてみよう！

A　英語ができるようになったことはやはりよかった。英語がしゃべれる方が、英語圏の人たちとも友達になれるし、その分自分の世界が広がるからだ。

言語は一つでも完璧にしゃべれたほうがいいと思います。私の英語は、発音はきれいにできるのですが、専門用語など難しい言葉はわかりません。日本語は、たまにわからない言葉がありますが、日常には支障がありません。

B　ハワイの現地校へ通い出してしばらくは、言葉がしゃべれないし、相手のいっていることもわからないし、つらかったです。（中略）ストレスがたまりました。

小学生の間は、とにかく不安が消えませんでした。やはり小学校一年の時点でドイツ語がほとんどしゃべれなかったことは、大きなハンディだったんです。

C

（橋本 2001より）

1. 上の人たちの声を聞いて、どう思いましたか。
　「こんなふうに考えた」「これまでと見方が変わった」など、自分自身の考えをまとめましょう。

2. グループで話し合いましょう。

第13章

●考えましょう 2

日本に住んでいる／住んだ経験のある「海外にルーツがある人」たちに、日本での経験について聞いてみよう！

A　小学校のとき、日本語話せないから、ストレスがあった。あんま楽しくなかった。

16歳男、来日時11歳

B　子どものときは頭いいって言われたけど、いつも(住むところ)変わるから多分、そこで俺めんどくさくなった。…なんかこっち(＝フィリピン)に戻ったじゃないですか。で、あんま英語とかしゃべれなくて、なんか俺、可哀想だなって。いつもなんか変わるから。日本行って、日本語じゃん。でも、そんなぺらぺらになってなかったから。で、フィリピン戻って、英語もそんなできない。

21歳男
来日時11歳

C　授業中とかわかんない。憲法の話とか？もう普通の憲法の言葉自体わかんないじゃん。だけど、うち普通の日本語も「えっ？」ってなる(から余計難しい)。難しいのとかでると頭おかしくなる。…だから、一から日本語勉強したい。

こないだ(友達に)「ハーフだから英語できるでしょ？」って(言われた)。(英語の)歌詞がでたときに「この歌詞、何？」って言われて。(中略)ほんとまじ(英語)分かんないと、ハーフだからって思われるのがいやで。

15歳女
日本生まれ日本育ち

(三浦 2015 より)

1. 上の人たちの声を聞いて、どう思いましたか。

「こんなふうに考えた」「これまでと見方が変わった」など、自分自身の考えをまとめましょう。

2. グループで話し合いましょう。

　海外で過ごした経験がある「日本人」、日本に住んでいる／住んだ経験のある「海外にルーツがある人」たちの両方から、学校での勉強の大変さが語られています。

　わたしたちは安易に帰国子女の人たちをうらやんだり、多言語環境にある人は〇〇できるはずだと決めつけてしまったり、また、言語の習得段階にある子どもたちのことを楽観視したりしてしまいがちです。しかし、日常生活のことばがわかるようになったからといって、授業についていけるわけではありません。本人の努力とまわりのサポートが必要です。多文化共生社会を目指す以上、わたしたちが何をするべきかについて考えなければなりません。

●考えましょう 3

1. あなたのルーツがまわりにいる人たちと違った場合、どんなよいことがあるでしょうか。

　_____
　_____

2. あなたのルーツがまわりにいる人たちと違った場合、どんな問題があるでしょうか。

　_____
　_____

3. グループで話し合いましょう。

●考えましょう 4

　では次に、場面や相手や内容に応じたことばづかいについて考えてみましょう。

1. 今朝起きてから今まで、家族や友だちとした会話を思い出してください。
　　どんな会話を交わしましたか。書き出してみましょう。

　例：あっ、遅刻しそうだ！　ご飯、いらない。

2. 以下の文章を読んで①②の設問に答えてください。

> 　起業とは、新たに事業を起こすことである。現在、世界を舞台に活躍している企業の中には、自由な発想を基に起業し、これまでにない商品やサービスを開発して大企業へと成長したものもある。事業を起こす際に、設備の購入などに多くの資金が必要となる場合は、企業は、金融機関から借り入れを行ったり、自社の株式を発行したりして、資金を集める工夫を行っている。
> 　企業は利潤を得るために多種多様な経営努力を行っているが、経営状態は景気によって大きく左右される。そのため政府は、様々な財政政策の他、企業の経済活動に対する支援を行い、景気の安定化を図っている。
> 　一方、消費者の安全を確保し、より良い財(もの)やサービスを提供することは、企業に課せられた社会的責任の一つである。そこで、企業が利潤を追求するあまり、消費者の安全を脅かす事態を招かないよう、政府は消費者を保護するための政策を行っている。
>
> （「2017年度東京都公立高校入試」社会科の問題文より）

①1で書き出した文と2の文章を比較してください。ことばの使い方やむずかしさはどうですか。

_____
_____
_____
_____

②1と2のことばの違いについて、グループで話し合いましょう。

●考えましょう 5

1.
> **BICS** （Basic Interpersonal Communicative Skills）
> **CALP** （Cognitive Academic Language Proficiency）

上の二つは、「言語能力には種類がある」と言う考えから造られたことばです。それぞれ、どんな意味を表わしていると思いますか。

BICS _____
CALP _____

2. 外国ルーツの子どもたちの教育では、どんなことに注意が払われなければならないと思いますか。

_____
_____
_____
_____

3. グループで話し合ってみましょう。

> カナダの心理学者ジム・カミンズが唱えたBICS（生活言語能力）とCALP（学習言語能力）ということばは、言語能力の二つの側面を表わしています。日常のコミュニケーションを行なうための言語能力と、深い思考や学習を支える言語能力です。このことをしっかり考慮したうえで、外国語の授業を受ける子どもたちの言語はケアされなければなりません。一般に、BICSは1〜2年で身につくのに対し、CALPを身につけるには5〜7年かかるとされています。

　子どもたちが日常会話に問題なく過ごせるようになっても、BICSが備わっただけかもしれません。勉強となると困難さを感じてしまう子どもたちがいるのが実態です。その子たちに必要なのは、新しく得た情報を既存の知識や経験と関連づけ構造化したり、抽象的な概念を形成したりするのに必要なCALPなのです。（参考：石井 2009）

　CALPを身につけるのに時間が必要なことをおとなたちが認識していないために、CALPが身についていないことが原因で学業についていけない児童・生徒を「できない子」と決めつけてしまうこともあります。そして、海外にルーツがある子どもの成績が思うように伸びず高校進学率が悪いという調査結果も出ています。こういった子たちが社会からドロップアウトしがちな環境にあることは問題です。

　海外にルーツがある子どもにとっての日本語だけではなく、海外に行った「日本人」が接する外国語についても、同じことが言えます。わたしたちはことばによってコミュニケーションをはかると同時に、深い思考をします。子どもたちの健全な成長を考えるうえで、BICSとCALP二つの側面から言語能力をとらえる必要がありそうです。自分自身の言語やまわりの人たちの言語について、あらゆる角度から考えてみてください。

●考えましょう 6

	平成20年度	平成22年度	平成24年度	平成26年度	平成28年度
日本語指導が必要な日本国籍の児童数	3,593	3,956	4,609	5,899	7,250
日本語指導が必要な外国籍の児童数	19,504	18,365	17,154	18,884	22,156
公立学校在籍の外国籍の児童数	45,491	42,748	40,263	42,721	49,093
公立学校在籍の児童数	6,999,006	6,869,318	6,642,721	6,481,396	6,366,785

（文部科学省発表資料より作成）

この表を見てわかること、考えられることについて、話し合いましょう。

●まとめ

この章で考えたことや気づいたことをメモし、自分のまとめも書いておきましょう。

●参考文献・サイト

石井恵理子（2009）「年少者日本語教育の構築に向けて──子どもの成長を支える言語教育として」川上郁雄ほか（編）『「移動する子どもたち」のことばの教育を創造する──ESL教育とJSL教

育の共振』(シリーズ多文化・多言語主義の現在 2) ココ出版.

橋本綾香(2001)『帰国子女自らを語る』アストラ.

三浦綾希子(2015)『ニューカマーの子どもと移民コミュニティ──第二世代のエスニックアイデンティティ』勁草書房.

東京都教育庁(2017)「平成29年度都立高等学校入学者選抜 学力検査問題及び正答表」.
http://www.kyoiku.metro.tokyo.jp/admission/high_school/ability_test/problem_and_answer/release20170224_02.html （2018年8月26日確認）

文部科学省(2013)「学校基本調査──平成25年度(確定値)結果の概要」.
http://www.mext.go.jp/component/b_menu/other/__icsFiles/afieldfile/2013/12/20/1342607_2.pdf （2018年8月26日確認）

文部科学省(2017)「学校基本調査──平成29年度結果の概要」.
http://www.mext.go.jp/component/b_menu/other/__icsFiles/afieldfile/2017/12/22/1388639_2.pdf （2018年8月26日確認）

文部科学省(2017)「『日本語指導が必要な児童生徒の受入状況等に関する調査(平成28年度)』の結果について」.
http://www.mext.go.jp/b_menu/houdou/29/06/__icsFiles/afieldfile/2017/06/21/1386753.pdf （2018年10月8日確認）

文部科学省(2017)「文部科学統計要覧(平成29年版) 4. 小学校」.
http://www.mext.go.jp/b_menu/toukei/002/002b/1383990.htm （2018年10月8日確認）

第14章

わかりやすく伝えよう！
やさしい日本語

●ウォーミングアップ 1

次のAとBは、ごみ集積所の看板です。どちらが多くの人にわかりやすく、伝わりやすいと思いますか。理由も考えてみてください。

A

道路、公園、空き地などにみだりにごみを捨てたり、申し込みをしていない粗大ごみを集積所に放置することは、近隣に対して迷惑であるだけでなく、交通の妨げとなり危険を伴います。

B

ごみは、ここに捨(す)てましょう。
道路(どうろ)や公園(こうえん)にごみを捨てないでください。

椅子(いす)や冷蔵庫(れいぞうこ)などの大(おお)きいごみ(粗大(そだい)ごみ)のときは
粗大ごみ受付(うけつけ)センター(せんたー)に電話(でんわ)してください。

012-345-6789

大きいごみを出(だ)すとき、危(あぶ)ないですから、かならず電話してください。

わかりやすく伝えよう！

わかりやすい看板は 　A　／　B　
その理由：＿＿＿＿＿＿＿＿＿＿＿＿＿＿＿＿＿＿＿＿＿＿＿＿＿＿＿＿＿＿＿＿＿
＿＿＿＿＿＿＿＿＿＿＿＿＿＿＿＿＿＿＿＿＿＿＿＿＿＿＿＿＿＿＿＿＿＿＿＿＿＿
＿＿＿＿＿＿＿＿＿＿＿＿＿＿＿＿＿＿＿＿＿＿＿＿＿＿＿＿＿＿＿＿＿＿＿＿＿＿

● ウォーミングアップ 2

　下の2コマの漫画を見てください。東日本大震災のときの状況を表わしたものです。どんな問題があると思いますか。まわりの人といっしょに考えてみてください。

（松岡 2016を参考に作成）

＿＿＿＿＿＿＿＿＿＿＿＿＿＿＿＿＿＿＿＿＿＿＿＿＿＿＿＿＿＿＿＿＿＿＿＿＿＿
＿＿＿＿＿＿＿＿＿＿＿＿＿＿＿＿＿＿＿＿＿＿＿＿＿＿＿＿＿＿＿＿＿＿＿＿＿＿
＿＿＿＿＿＿＿＿＿＿＿＿＿＿＿＿＿＿＿＿＿＿＿＿＿＿＿＿＿＿＿＿＿＿＿＿＿＿

　地震や津波はただでさえ恐ろしいものですが、祖国で地震を一度も経験したことのない外国の人たちにとっては、その驚きや恐怖はさらに大きいものです。しかし、上の漫画では、スピーカーから流れてくる警報アナウンスが「大津波警報が発令されました。至急、高台に避難してください。」となっていますね。ことばがむずかしすぎて、日本語に不慣れな人たちには、この重要な情報が伝わっていません。

　ここで皆さんは、「英語や中国語などの外国語による情報発信が必要だ」と思われるでしょう。正解です。特に災害時には、多言語情報はとても重要です。もちろん災害時だけではなく、平時でも多言語情報は重要で、各地方自治体のWebサイトなどもかなり多言語化が進んでいます。
　しかし、多言語情報には限界があります。現在日本国内では英語、中国語、コリア語、ポルトガル語、ベトナム語、ネパール語、スペイン語、ロシア語などで情報発信されています。しかし、これらの言語を理解しない人びともたくさん日本に暮らしています。英語ですら、日本にいる外国人のなかで理解する人は3～4割にしかなりません。また、たとえば津波の情報を知らせたいとき、言語の優先順位はどうなるでしょうか。アナウンスをあとまわしにされた言語での情報を待っている人たちは、津波の到来に間に合わないということもありえます。ですので、多言語情報だけでは不十分なのです。

こうした状況で、それなら日本語そのものをやさしくわかりやすいものにしたらいい、という発想から開発されてきたのが、「**やさしい日本語**」です。もともとは、阪神・淡路大震災をきっかけに、災害時に外国籍住民の安全を守るという目的で作られました。1995年の震災時、命にかかわる重要な情報が日本語のむずかしさのために外国籍住民に十分に届かず、外国籍住民の被害が甚大になってしまったのです。

●考えましょう 1

　では、前ページの漫画の中のアナウンス「大津波警報が発令されました。至急、高台に避難してください。」を、「やさしい日本語」に翻訳してみましょう。新聞や本に出てくるようなむずかしい書きことばではなく、日常生活で使っている話しことばの、短い文に変えましょう。どう変えると、より多くの人に伝わる日本語のアナウンスになるでしょうか。

_____
_____

●考えましょう 2

　「やさしい日本語」は、もともと災害時に使われるという想定で開発されてきました。けれども、災害時などの非常時に「やさしい日本語」を機能させるためには、平時の取組みが欠かせません。そして、市役所などからの重要な情報をわかりやすく伝えてほしいと思っているのは、外国籍住民だけではありません。
　あなたやあなたの家族は、たとえばどのような状況にあるとき、伝わりやすい情報や「やさしい日本語」が必要だと思いますか。考えてみてください。

_____
_____
_____

　たとえば、視覚や聴覚に障がいがある場合や、年をとって寝たきりになったり目が見えなくなったり耳が聞こえにくくなったりしたとき、病気で入院したとき、むずかしいことばを知らなかった子どものとき、など。子どもだったことがない人も、年をとらない人もいませんね。つまり、外国人や日本語学習者に限らず、わたしたちみんなにとって、わかりやすい情報伝達や、「やさしい日本語」は大切で有効なのです。

わかりやすく伝えよう！

●考えましょう 3

「やさしい日本語」を考えていくとき、大切な注意点がいくつかあります。次の絵を見て、お年寄りや外国の人はどんなふうに感じたか、考えてみてください。

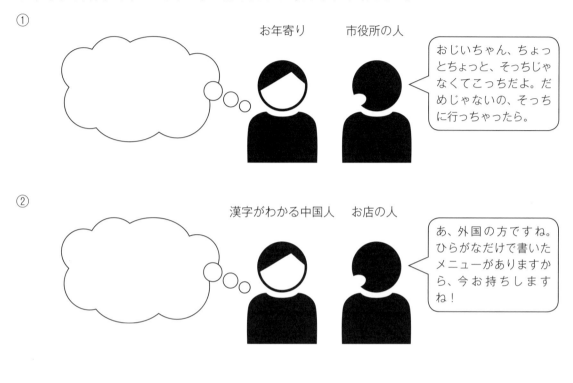

子ども扱いではない

医療機関や福祉施設などで高齢者が子ども扱いされて非常に腹が立ったというようなことを聞いたりします。外国人や障がいをもった人たちにとっても同じです。わかりやすい日本語を使うことは、相手を子ども扱いすることとは全く違うことです。

人によって「やさしさ」が違う

「やさしい日本語」を使うというのは、いつも使っていた表現を、もう少しわかりやすくするにはどうしたらいいかを考えることです。しかし、そこには残念ながら、「絶対これが正解だ」というものがありません。そして、何が「やさしい」かは、その人の年齢、障がいの有無、職業や経歴など、それぞれのバックグラウンドによって異なります。②の場合、中国の人なのでひらがなよりも漢字があったほうがわかりやすいでしょう。相手のことを考えて、いろいろ試してみる。相手を思いやる「やさしい」気持ちが、わかりやすさとあたたかいコミュニケーションを生み出します。

●考えましょう 4

日本語学習者との対話で、次の内容を伝えたいとき、どのように言い換えたらいいでしょうか。「やさしい日本語」に翻訳してみてください。

① 趣味は何ですか。

② このお菓子、手作りなんです。

③ すみません、110番してください!

④ 飲酒運転は絶対にだめですよ。

⑤ そこは土足厳禁ですよ。

⑥ 落としたお財布の特徴は?

⑦ 逆ギレされた。

⑧ あのお店、やばい。

⑨ 暴風雪警報が出ています。地吹雪で車が立ち往生するおそれがあります。

⑩ 区役所では、区民に対する保健・福祉サービスを一体的に提供するため、妊産婦、乳幼児、児童、高齢者、精神障がい者の保健についての相談と指導を行なう保健センターと、生活に困っている方、心身に障がいのある方、児童、高齢者、母子、寡婦、父子家庭などで、さまざまな心配事をもっている方たちの相談を受け、必要に応じた援護・措置を行なう福

祉事務所が連携して厚生部の業務を行なっています。(岩田 2012 より引用)

_____
_____
_____
_____
_____

　いつもの自分の日本語を見直して、「やさしい日本語」に翻訳してみるのは、少しむずかしかったでしょうか。
　だれもが読み書きができるはずだ、できなければならない、という社会通念が、これまではあったかもしれません。また、むずかしくてわかりにくい文章のほうが格調高く上等だというような思いが、わたしたちの中にあるのかもしれません。そして、公文書のような、書いた人の責任を問われる文章については、前例を踏襲したり通例として法律の文言をそのまま使ったりする場合が多かったと思います。そのため、上の⑩で見たような、読みようによっては「来ないでほしいのか」と書き手の思いを想像してしまうような悪文が、まかり通ってしまう場合もありました。
　一方で、「やさしい日本語」に批判的な意見もあります。たとえば次のような意見です。「やさしい日本語」の意義はわかるけれど、それを進めていったら、日本人が伝統の中で作ってきた、語彙が豊かで奥深い表現ができる「美しい日本語」がなくなってしまうのではないか。「やさしい日本語」は、日本社会の多言語化を妨げ、滞日外国人に日本語を強要する社会装置になってしまうのではないか。
　こうした批判については、決着のつかない、答の出ない「迷い」や「葛藤」があることも事実です。そして、「やさしい日本語」自体がまだ研究途上であり、理念も方法論も確立したものではありません。
　ただ、 ●考えましょう 2 で示したとおり、外国人や日本語学習者のみならず、だれもが読めない人・書けない人になる可能性があります。こうしたなかで、「やさしい日本語」は「ことばのバリアフリー」(あべ 2015)の理念を実現する、一つの方法論です。
　だれもが平等で公平に情報を得て、かつ発信できる社会。それは所詮理想論だという意見があるかもしれません。けれども、それがもし「理想論」であったとしても「何が理想なのか」を今、検討しておくこと自体に現実的な意義があると思います。どちらに進むべきか迷ったとき、一つの方向を示す指針となるからです。「やさしい日本語」を使ったことばのバリアフリー、そしてことばのユニバーサルデザイン(第9章参照)への努力は、そうした社会を見すえています。

まとめ

この章で考えたことや気づいたことをメモし、自分のまとめも書いておきましょう。

参考文献・サイト

愛知県(2013)『「やさしい日本語」の手引き』愛知県地域振興部国際課多文化共生推進室.

あべ・やすし(2015)『ことばのバリアフリー──情報保障とコミュニケーションの障害学』生活書院.

庵功雄(2016)『やさしい日本語──多文化共生社会へ』(岩波新書)岩波書店.

岩田一成(2012)「震災からの学び『やさしい日本語』について」龍谷大学(LORC)主催ラウンドテーブル「ウェルフェアリングイスティクスを考える──持続可能な地域社会形成にむけて」配付資料.

松岡洋子(2016)「多文化コミュニティキーパーソンに対する人材育成研修──日本での実践」国際公開研究集会「移民と受け入れ社会のコミュニティ創生──ひと・しくみ・ことば」(於：東京工業大学)配布資料.

News Web Easy「やさしい日本語で書いたニュース」.
https://www3.nhk.or.jp/news/easy/ （2018年9月6日確認）

弘前大学人文学部社会言語学研究室「『やさしい日本語』にするための12の規則」.
http://human.cc.hirosaki-u.ac.jp/kokugo/EJ9tsukurikata.ujie.htm （2018年7月14日確認）

第15章

にぎやかな、音を使わない言語

手話

●ウォーミングアップ 1

1. 次のイラストは、手話で「色」を表わしています。何色でしょう。

① 　② 　③

てのひらを広げ、指先であごから耳の下までなで上げる

額に親指をあて、人差し指を横に2回振る

てのひらを自分に向けて指先を上にし、両手を交互に上げ下げしながら左右に広げていく

①は青、②は黄色、③は緑です。
　青はお父さんのひげそりのあと、黄色はひよこ、緑は野原の草などが想像できるかもしれませんし、それらを身振りで表わしたジェスチャーのようにも思えるかもしれません。

2. 次の手話はどういう意味でしょうか。

これは、「うそ」という意味です。
　この手話表現の語源についてはいろいろな説がありますが、具体的なジェスチャーとのかかわりは説明しづらいですね。

右手の人差し指で右のほおを2回つつく

3. 手話で会話する人たちを、見たことがありますか。また、もしあなたが知っている手話があったら、まわりの人たちとシェアしてみてください。

_____
_____
_____

●ウォーミングアップ 2

次の①~⑤について、どう思いますか。YesかNoで答えてください。

① 手話は言語ではなく、ジェスチャーやパントマイムの一種である。	Yes / No
② 手話は世界共通である。	Yes / No
③ 日本のろう者が使う手話の文法と日本語の文法は、同じである。	Yes / No
④ 手話は哲学や高等数学など複雑な概念は表わせないので、手話で大学教育はできない。	Yes / No
⑤ ろう者は、英語検定(英検)を受験することはできない。	Yes / No

　現在の日本ではテレビのニュースにワイプで手話通訳画面がついたり、学校や地域の公民館などで手話サークルが立ち上げられたりして、以前と比べると手話は身近なものになっていると言えるでしょう。

　しかし、わたしたちは手話について、どの程度の知識をもっているでしょうか。たとえば、2009年の調査ですが、アメリカの大学の手話クラスは、スペイン語・フランス語・ドイツ語に次いで語学科目のなかで人気第4位なのだそうです(小林・大杉 2012)。しかし、日本では正規科目で手話を教えている大学はまだ数えるばかりで(朝日新聞 2014年5月30日)、手話を使える聴者はもとより、手話についての知識をもっている人も多くないと言えるのではないかと思います。

　上の①~⑤の答は、すべてNoが正解です。その理由は、あとから説明します。

●考えましょう 1

もし自分だったら...と想像しながら、次のお話を読んでみてください。

> 　地球上に「テレパシー人」が現われ始めました。声を使って話すわたしたちはテレパシーを理解できないので、テレパシー人たちの話すことはわかりません。
> 　テレパシー人の数はどんどん増え、世界人口の99%以上を占めるようになりました。世界のほとんどは、わたしたちに理解できないことばで話す人たちです。ですから、みんなが笑っているとき、一人だけわかりません。「今、何の話をしているの?」と聞いても、説明はあとまわしにされてしまいます。心の底から何でも話すことができるのは、わたしたちと同じく「声で話す」仲間に会った時だけになってしまいました。
> 　テレパシー人たちは、声の言語も覚えることができます。大多数は声の言語を学びませんが、なかには「声の言語を学びたい」とやってくることがあります。うまい人もそうでない人もい

> ますが、彼らは、わたしたちには理解できないテレパシーではなく声を使って話し、時にはテレパシーと声の間で通訳を引き受けてくれたりもします。そのようなテレパシー人と、心を許せる親友になることもあります。
>
> 　ところが、多くのテレパシー人の間には、声を使うわたしたちに関してさまざまな誤解が横行しているらしいのです。
>
> 　「声は、野獣の遠ぼえのようでみっともない」
> 　「声は文法がない劣った伝達手段。抽象的なことは話せない」
> 　「テレパシーができない気の毒な人だから、しかたがないのだ」
>
> 　しかし、ことばが違うので、反論できません。
>
> 　そして、わたしたちには、テレパシーを使わない人のための、特別な学校があります。そこは声で話せる仲間が集まる貴重な場所ですが、先生たちは次のように言います。
>
> 　「声を使っていては、頭が悪くなる。自分のしあわせのために、テレパシーを訓練しなさい」
>
> 　いつしか学校では、「声を使ってはいけない」というルールができ、厳しいテレパシー訓練が毎日続きます。教室では、理解できないテレパシーの授業ばかり。友だちとうっかり声で話したら、先生にしかられます。
>
> 　「お互いのことばが違うだけだ」と言っているのに、テレパシー人から子ども扱いされることもあります。「少しはわたしたちの事情を理解してよ」と言ったら、「きみたちのほうが努力して歩み寄ればいいんだ」と言い返されることもあります。

　これは、アフリカのろう文化について研究している亀井伸孝さんのたとえ話（亀井 2009：112-116）をもとにしています。

　あなたがこんな世界に一生暮らすことになったとしたら、どんなふうに思いますか。そして、快適に暮らすために、テレパシー人たちにどんなことを望みますか。書き終わったら、まわりの人と意見交換してみてください。

［どう思うか］
_____
_____

［テレパシー人たちに望むこと］
_____
_____

　いかがですか。ことばが通じない苦しさを感じたかもしれません。また、自分たちの自然なふるまいが「野蛮だ」「劣っている」と思われ、「気の毒な人たち」などと誤解される憤りもあったかもしれません。そして、自分たちの自然な言語を使っているのに、「頭が悪くなる」

などと否定され、テレパシーを訓練しなさいと言われるつらさもあったかもしれませんね。

　皆さんすでにわかったかと思いますが、これはろう者が、声を使う音声言語中心の社会で置かれている現実を、たとえ話として示したものです。物語の「わたしたち」はろう者、「テレパシー人」が聞こえる人たち（聴者）です。

　さて、ではここで ●ウォーミングアップ 2 の正解が、すべてNoである理由を説明します。

　まず、①についてですが、**手話**はジェスチャーやパントマイムではありません。手話は英語では sign language（サイン言語）と言い、言語であることをきちんと示しています。声を使う日本語、英語、中国語と同様に、手話も、人びとのコミュニケーション手段として自然にでき上がってきた言語です。したがって、④も間違いです。哲学や高等数学など、どんなに複雑で抽象的な概念であっても、手話で表現することができます。

　次に②ですが、世界には130の手話があるとされています（森 2012）。日本語、中国語、フランス語などと同様に、日本手話、中国手話、フランス手話などがあり、日本人のろう者の多くは日本手話が母語です。アメリカとイギリスで音声言語は同じ英語が使われますが、手話はアメリカ手話とイギリス手話で違います。

　③手話の文法と日本語の文法については、少し説明が必要です。生まれた時から聞こえないろうの人びとは、多くの場合、上で述べた日本手話が母語です。日本手話は、皆さんが今読んでいるこの日本語とは文法体系が異なる、別の言語です。

　しかし、病気や事故で聴力を失った人（中途失聴者）は、日本語を習得しているので、日本語に対応した日本語対応手話を使う人もいます。手指日本語とも呼びます。日本手話と日本語対応手話を混ぜて会話する場合もあります。

　そして、⑤ですが、ろう者が英語検定を受験する場合、以前はリスニング問題を「読話」と呼ばれる対面読み上げでの読唇で受験していました。しかし、2001年からは画像でスクリプトを読み取るという方式も選択できるようになりました。面接試験も筆記できることになりました。これは当事者であるろう者の人たちとその支援者の、粘り強い取組みの成果です。

●考えましょう 2

　手話はろう者の母語であるにもかかわらず、日本では、ろうの子どもたちへの手話教育が近年まであまり行なわれてきませんでした。現在は手話を禁止しているろう学校は少なくなりましたが、それでもろう者の母語である日本手話で授業をする学校はごく限られています。
　それはなぜでしょうか。理由を考えてみてください。

ろうの子どもたちが母語としての手話を習得する機会を奪われるということは、海外ルーツの子どもたちと同様に、学業成績に直結する問題が起こる可能性があります。ろうの子どもたちが母語である手話を学ぶ機会を奪われがちな理由として、次の3点が考えられます。

(1) ろうの子どもたちの多くが、聞こえる両親のもとに生まれる

　たとえば、スウェーデンでは赤ちゃんがろう児だと判明すると、その両親は、その子の第一言語は手話であると医師やカウンセラーから説明を受け、集中的なスウェーデン手話コースを受講します。しかし、日本ではそうした支援はないため、ろう児の第一言語が手話であることを知らない聴者の親は、みずから手話を学んで子どもと対話する機会を逸してしまうかもしれません。

(2) モノリンガル（単一言語）主義と少数言語への差別

　モノリンガル主義というのは、社会がスムーズに機能していくためには人びとが話す言語を一つに統一したほうがいい、という考え方です。ここは日本なのだから、あなたは日本人なのだから、他の言語ではなくて日本語を使いなさい、という考えです。そして、海外ルーツの子どもたちにも同様に向けられる、「〇〇語を話すと日本語が上達しないから、使ってはいけない」などという、少数言語に対する差別的な感情です。電車内で手話を使っている人たちに対するあからさまなからかいや無礼な言動などから、そうした無理解や想像力のなさがまだ残存していることがうかがえます。

(3) 口話法の影響力

　口話法というのは、かつて英語検定でも使われた「読話」と同じなのですが、読唇によって他者の話す日本語を読み取ると同時に、発音器官を訓練して発話させるという教育方法です。ろう教育の世界では、この口話法による教育を是とする人びとと、手話による教育を進めるべきだとする人びととの間に、長く論争がありました。しかし、1880年にミラノで行なわれた世界ろう教育会議において、口話法派が勝利したのでした。それは、電話を発明したグラハム・ベルが、ちょうど同時期に、電話と同じ技術によって補聴器を発明し普及しようとしていたことが、口話法勝利に影響したと言われています。

明晴学園（東京都）では、「バイリンガルろう教育」を行なっています。バイリンガルろう教育では、会話と思考の道具としては日本手話を使い、学び、そして本を読んだり作文を書いたりするときには日本語を使い、学びます。つまり、自分たちの母語である日本手話と、書記言語（書きことば）としての日本語の、二つの言語を同時に学んでいくのです。授業も休み時間のおしゃべりも学校行事も、日本手話を使います。しかし、子どもたちは聴者が使う日本語も、読めるし書けるようになります。

　手話は、ごく身近にある「異言語」です。明晴学園の子どもたちが異言語である日本語を学ぶように、手話を知り学ぶ聴者の人びとが増えてくれば、ろう者と聴者を隔てる境界が、もっと豊かで楽しいものになるのかもしれません。

●考えましょう 3

1. 手話についての学びを通して、あなたはどんなことを思い出しましたか。書いてください。
   _____
   _____
   _____

2. なぜ、その知識や情報、体験などを思い出したのか、その理由を考えてみてください。
   _____
   _____
   _____

3. 今日の授業内容について、あなた自身の意見や立場を書いてください。
   _____
   _____
   _____

4. グループになり、1〜3について話し合ってください。まず、一人ずつ自分について話してください。それに対してほかの人がコメントや質問をしてください。よい悪いではなく、それぞれの思いを述べて対話しましょう。

●まとめ

この章で考えたことや気づいたことをメモし、自分のまとめも書いておきましょう。

●参考文献・サイト

イ・ヨンスク(2009)『「ことば」という幻影──近代日本の言語イデオロギー』明石書店.
亀井伸孝(2009)『手話の世界を訪ねよう』(岩波ジュニア新書)岩波書店.
小林洋子・大杉豊(2012)「米国の大学における日本手話教育の意義」『手話学研究』第21巻, pp.45-62, 日本手話学会.
「『第2言語』は手話 大学で進む開講」(2014)『朝日新聞』2014年5月30日.
松岡和美(2015)『日本手話で学ぶ 手話言語学の基礎』くろしお出版.
丸山正樹(2015)『デフ・ヴォイス──法廷の手話通訳士』(文春文庫)文藝春秋.
丸山正樹(2018)『龍の耳を君に──デフ・ヴォイス新章』東京創元社.
森壮也(2012)「七章 世界における自然言語としての手話」佐々木倫子(編)『ろう者から見た「多文化共生」──もうひとつの言語的マイノリティ』(シリーズ多文化・多言語主義の現在5) pp.142-168, ココ出版.
NHK「みんなの手話」.
　　https://www.nhk.or.jp/heart-net/syuwa　(2018年11月5日確認)

第16章

英語だけでいいですか？
英語一極集中の功罪

● ウォーミングアップ 1

下の設問に答えてください。

1. 世界には、いくつくらいの言語があるでしょうか。そして、あなたは、いくつの言語名を知っていますか。知っている言語名をすべて挙げてください。

世界の言語数	名前を知っている言語数

[知っている言語名]

2. 1で挙げた中に、国名が含まれない名前の言語はありましたか。○で囲んでみましょう。

3. 日本には、いくつくらいの（外国語ではない）言語があるでしょうか。そして、あなたは、いくつの言語名を知っていますか。知っている言語名をすべて挙げてください。
[日本の言語数]
[知っている言語名]

さて、上の1で、あなたはいくつくらいの言語名を出せたでしょうか。中国語・ロシア語・イタリア語・タイ語・フランス語など、「国家の名前＋語」という形以外の言語名も挙がりましたか。

Ethnologue（SIL Internationalという、言語の保存や発展などを使命とするNPOが公開しているWebサイト）によると、現在、世界には7,097もの言語があります（2018年10月現在）。この数字はかなり流動的なものなのですが、それでも、国の数に比べれば、ずっと多いことがわかります。日本政府が承認している国家数は195（2017年12月現在）で、日本を加えれば196ですから、単純計算で1か国当たりの言語数は36言語を超えることになります。大多数の言語の名は、国名と重なるわけではないのです。

同じくEthnologueの数字では、日本の言語数は15です。日本語のほか、アイヌ語、北奄美大島語、南奄美大島語、日本手話、喜界語、コリア語、国頭語などがあります。

●ウォーミングアップ 2

　では、次に、日本の高校までの「外国語」教育状況をみてみましょう。「英語」は小学校から事実上必修化されていますが、他の言語はどうでしょうか。

1. 英語以外の外国語を学校で学ぶ高校生は、1,000人中、何人くらいでしょうか。
　　＿＿＿＿＿＿＿＿＿人

2. 大学入試センター試験には「外国語」という科目があります。「外国語」の選択肢としては、「英語」のほかに何があるでしょうか。
　　＿＿＿＿＿＿＿＿＿＿＿＿＿＿＿＿＿＿＿＿＿＿＿＿＿＿＿＿＿＿＿＿＿＿

3. 大学入試センター試験で、「英語」以外の「外国語」科目を選ぶ人は、全体の何％くらいでしょうか。　＿＿＿＿＿＿＿＿＿％

　世界には数千の言語がありますが、日本の高校で、英語以外の言語を学ぶ高校生の数は、実は、とても少ないのです。

　日本の現行外国語教育施策において、英語重視は圧倒的です。文部科学省公表の資料から算出すると、2016年5月1日時点で英語以外の「外国語」の科目を高校で学ぶ生徒の数は、比率にして全体のわずか約1.3％にすぎません。

　大学入試センター試験の「外国語」は、「英語」のほかに「中国語」「韓国語」「ドイツ語」「フランス語」から選べますが、「英語」の占有率はきわめて高く、例年、99％以上の受験者が「英語」を選択しています（実施団体である独立行政法人 大学入試センターが公開しているデータより算出）。

　ここで、比較対象として、フランスの場合を見てみましょう。フランスは、その憲法第二条の冒頭に「La langue de la République est le français.（共和国の言語はフランス語である）」と記しているほど国家語（フランス語）の力が強い国です。日本で日本語が圧倒的な大言語であることと似ています。だからフランスでも日本と同様に、複数言語学習の機会が限られているのかと思いきや、そうでもないのです。本章執筆時点の2017年バカロレア（後期中等教育の修了資格）では、受験地方や科目、コースによって異なるものの、基本的な部分だけでも計32

言語から受験科目言語を選択できます。選択科目における選択肢を含めれば、この数はさらに増えます。

　そして、おもしろいのは、この言語科目全体をまとめる用語が「langue vivante」であることです。これは、直訳すれば「生きている言語」という意味になり、必ずしも「外『国』語」だけを意味しているわけではありません。というのも、選択肢のなかには、バスク語、ブルトン語、メラネシア諸語、タヒチ語といった、ヨーロッパにあるフランスの領土内ないし海外准県、海外領土内の言語も提示されているからです。日本の感覚でいえば、センター試験の科目に、「アイヌ語」が入っているようなものでしょうか。

●考えましょう 1

　言語社会学者の木村護郎クリストフは、著作(木村 2016:202)の中で、自身が学び使っている言語はドイツ語、日本語、ポーランド語、英語で、研究しているのはソルブ語[1]、ケルノウ語[2]、手話だと書いています。計画言語のエスペラント[3]も話せるそうです。ここまでで合計8言語ですが、「何か国語できるのですか」と尋ねられると、60か国語くらい、と答えるということです。彼はしかし、うそをついているわけではありません。これはいったい、どういうことでしょうか。

_____

_____

_____

●考えましょう 2

　「英語ができれば、世界中の人と話せる」「英語を使って、世界中の人とコミュニケーションしよう」といったメッセージは、英会話学校の広告でよく見られます。このようなメッセージの真偽について、世界の言語(母語)人口予測と、日本に在留している外国人の言語から考えてみましょう。

---

1. ソルブ語：ドイツの少数民族であるソルブ人が話す言語です。木村(2016:74)は、「ソルブ人は、オリンピックのメインスタジアムにまるごと全員入ってしまうほど小さな民族です。しかもドイツ語圏の中に住んでいるので、ソルブ語を話す人はみなドイツ語をも問題なく話します」と書いています。

2. ケルノウ語：別名コーンウォール語。イングランドのコーンウォール地方に住む人たちに使われてきた言語です。一時は消滅の危機に瀕していましたが、そこから復興運動を経て持ち直してきました。

3. エスペラント：ポーランドのルドヴィコ・ザメンホフらによって1887年に考案された人工言語(木村2016の用語では「計画言語」)で、人工言語としては最大の話者数をもっています。とても規則的で学びやすいので、興味をもったらぜひ調べてみてください。

1. 2050年の時点で、世界で1～5番目に多く母語として話されていると予測される言語は何でしょうか。（下の表に記入してください）

2. 現在、日本に在留している外国人の国籍を人数が多い順に並べると、トップ5はどこになるでしょう。（表に記入してください）

3. 2の答の国の国語／公用語は何でしょうか。

	1の答	2の答	3の答
1位			
2位			
3位			
4位			
5位			

　データから見れば、「英語ができる」ことが、「世界中の人と話せる」ことには直結しない、ということは簡単に予想されます。むしろ注目すべきは、「（日本語のほかには）英語しかできない」ことのデメリットかもしれません。「日本人」どうしでは日本語のみ、「外国人」とは英語のみ、といった、ほかに選択肢をもとうとしない状態を、**二重の単一言語主義**と言います。二重の単一言語主義により、英語でやりとりのできる範囲のみを「世界」だ、と錯覚してしまうことは、個々人としても、社会的な集団としても、日本という国家としても、重大なあやまちにつながっていくのではないでしょうか。

　なお、寺沢（2015:178-188）は、2000年代の5つの大規模調査データを分析した結果、仕事での英語使用ニーズが増加した形跡はなく、しかも2006年から2010年にかけて「過去1年に少しでも英語を使った人」が明らかに減っていることを指摘しています。グローバル化によって英語使用のニーズが高まるというのは、過度に単純化した見方なのかもしれません。

●考えましょう 3

外国語教育・学習を英語のみに集中することのメリット、デメリットについて考えてください。個々人、国家、社会(社会にはさまざまな単位があり、必ずしも国家と重なるものではありません)にとってなど、さまざまな単位で考えてみてください。

また、それぞれについて、経済的な側面、文化的な側面、安全保障にかかわる側面など、できるだけ多方面から考えてください。

個人	メリット	・ ・ ・ ・ ・
	デメリット	・ ・ ・ ・ ・
国家	メリット	・ ・ ・ ・ ・
	デメリット	・ ・ ・ ・ ・
[　　]の社会	メリット	・ ・ ・ ・ ・
	デメリット	・ ・ ・ ・ ・

● まとめ

この章で考えたことや気づいたことをメモし、自分のまとめも書いておきましょう。

● 参考文献・サイト

木村護郎クリストフ（2016）『節英のすすめ――脱英語依存こそ国際化・グローバル化対応のカギ！』萬書房．

寺沢拓敬（2015）『「日本人と英語」の社会学――なぜ英語教育論は誤解だらけなのか』研究社．

独立行政法人大学入試センター「受験者数・平均点の推移（本試験）平成24～26年度センター試験」．
　https://www.dnc.ac.jp/center/suii/h24.html　（2018年11月4日確認）

独立行政法人大学入試センター「受験者数・平均点の推移（本試験）平成27～29年度センター試験」．
　https://www.dnc.ac.jp/center/suii/h27.html　（2018年11月4日確認）

独立行政法人大学入試センター「受験者数・平均点の推移（本試験）平成30年度センター試験以降」．
　https://www.dnc.ac.jp/center/suii/h30.html　（2018年11月4日確認）

文部科学省「文部科学統計要覧（平成29年版）4.中学校，7.高等学校」．
　http://www.mext.go.jp/b_menu/toukei/002/002b/1383990.htm　（2018年11月4日確認）

文部科学省初等中等教育局国際教育課「平成27年度高等学校等における国際交流等の状況について」．
　http://www.mext.go.jp/component/a_menu/education/detail/__icsFiles/afieldfile/2017/07/06/1386749_27-2.pdf　（2018年1月10日確認）

Ethnologue：Languages of the World
　https://www.ethnologue.com/guides/how-many-languages　（2018年1月10日確認）

第17章 いくつもの言語とともに
複言語主義

● ウォーミングアップ 1

1. 次の文は何について書いてあると思いますか。予想できることだけでかまわないので、書いてみてください。また、「なぜそのように予測できたか」ということも、考えてみてください。

① 弱冷空气将影响北方地区　南方地区多阴雨天气
　　［内容の予測］
　　［予測できた理由］

② Di daerah utara, udara dingin akan mempengaruhi cuaca. Sedangkan di daerah selatan cuaca akan berawan dan hujan.
　　［内容の予測］
　　［予測できた理由］

③ อากาศหนาวส่งผลกระทบต่อภาคเหนือ　ภาคใต้เมฆปกคลุม ฝนตกชุก
　　［内容の予測］
　　［予測できた理由］

2. 内容を予測したあと、グループで共有してください。

---

①は中国大陸の新聞社「人民日報社」のオンラインサイト（「人民网」）の記事タイトルだったものです。「やや冷たい空気が北方地区に影響するだろう　南方地区は雲が多く雨の天気になる」という内容です。もちろん、中国語学習経験のない人には、すべてはわからなかったでしょう。ですが、それでも、「弱冷空気」「北方地区」「南方地区」「雨」「天気」といったキーワードは理解できたのではないでしょうか。

では、②のインドネシア語はどうでしょう。意味はわからないまでも、二つの文でdi daerah や cuaca、akanという語が繰り返されていることから、似たような文が繰り返されている、ということは推測できたかもしれません。

しかし③のタイ語にいたっては、(タイ語やタイ語に近いラオ語などができる人でないかぎり)、全くお手上げだったと思います。

けれども、実は①から③は、すべて同じ内容なのです。①を日本語にして、それをそれぞれインドネシア語、タイ語の母語話者に訳してもらった結果が②③です。③に比べれば、文字の読める①と②、なかでも意味まで想像のつく①は、どれほど取り組みやすかったことか、と思います。③を読んで、すらすらと「弱冷空気」「北方地区」「南方地区」「雨」「天気」についてのことだよ、と言える友だちがいたとしたら、その人はかなりタイ語ができる人だ、と感じませんか。読解スキルに限って言えば、本書を日本語で読んでいる皆さんはすでに、それほどの中国語レベルがあるということになります。

●ウォーミングアップ 2

今度は、もう一つの隣の国の言語であるコリア語を見てみましょう。次の7語は、コリア語で書いた日曜日・月曜日・火曜日・水曜日・木曜日・金曜日・土曜日の順番をばらばらに入れ替えたものです。

A	B	C	D	E	F	G
화요일	월요일	수요일	토요일	목요일	일요일	금요일

① よく観察して、答を導き出してください。「曜日」という意味になる部分は、どこでしょうか。＿＿＿＿＿＿＿＿＿＿＿＿＿＿＿＿

②「日曜日」はどれでしょうか。＿＿＿＿＿＿＿＿＿＿＿＿＿＿＿＿

③ 今度はドイツ語です。「月曜日」を見つけてください。＿＿＿＿＿＿＿＿＿＿＿＿＿＿＿＿

A	B	C	D	E	F	G
Samstag	Donnerstag	Mittwoch	Montag	Dienstag	Sonntag	Freitag

ドイツ語で「月曜日」は「Montag」です。比較から共通点として「tag」を見つけ出し、「tag」が英語の「day」に当たる、という推定ができれば、「Monday」との類似性から「Montag」を発見するのは、そうむずかしくはなかったはずです。

なお、この「tag」はドイツ語のあいさつ、「グーテンターク」の「ターク」です。では「グーテン」とは？「グーテンな日？」「英語で言うならGood Day？」ならば「グーテン」とは「Good」に似た意味では？　と想像が広がるでしょうか。

●考えましょう 1

次は、スワヒリ語を見てみます。スワヒリ語は、アフリカの東海岸部の広い範囲で使われている言語で、ケニア、タンザニア、ウガンダの公用語でもあります。スワヒリ語での数字の1〜15は次のとおりです。

1	moja
2	mbili
3	tatu
4	nne
5	tano
6	sita
7	saba
8	nane
9	tisa
10	kumi
11	kumi na moja
12	kumi na mbili
13	kumi na tatu
14	kumi na nne
15	kumi na tano

① スワヒリ語で「18」は、どのように言えばよいでしょうか。

② スワヒリ語で「na」は、どのような意味でしょうか。

③ 自分がどのようにして①②の答を導き出したのかを、考えてみてください。

④ スワヒリ語での数の数え方（1〜19）は、英語のロジックと、日本語のロジック、どちらにより近いでしょうか。　　　英語　／　日本語

スワヒリ語で「18」は、「kumi na nane」です。「na」は「と(and)」の意味をもちます。このような想像をするためには、「1〜5」と「11〜15」の表現を比べることが必要になります。

スワヒリ語の数え方のロジックは、英語よりも日本語に近いです。たとえば、日本語の「17」は、「じゅう(と)なな」ですね。英語はseventeenであって、ten-sevenとは言いません。

●考えましょう 2

1. 次の中国語文と和訳を読んで、中国語の文法規則について、できるだけたくさんの推測をしてください。

　　　① 我去学校　（和訳：わたしは学校に行きます）
　　　② 你去学校　（和訳：あなたは学校に行きます）
　　　③ 她去学校　（和訳：彼女は学校に行きます）
　　　④ 你去学校吗　（和訳：あなたは学校に行きますか）
　　　⑤ 我不去学校　（和訳：わたしは学校に行きません）

___

　まず、①の「我去学校」(わたしは学校に行きます)を見てみましょう。「学校」は日本語と同じですね。「我」＝「わたし」という推測も、簡単にできると思います。そうすると「去」が「行く」という意味をもつことになります。

　この時点で、中国語の語順は、日本語よりも英語に近いということがわかります。日本語では「行きます」が最後ですが、中国語は英語と同じように、目的地「学校」が最後になっています。

　次に、②「你去学校」(あなたは学校に行きます)と④「你去学校吗」(あなたは学校に行きますか)を比べれば、中国語でのYes/No疑問文の作り方が推測できるのではないでしょうか。文末に「吗」をつけるだけです。文末に「か」をつけるだけの日本語と同じです。

　一方、否定文の作り方という点では、日本語と中国語はかなり違います。日本語は、文末の「ます」を「ません」に変えますが、中国語はどうでしょうか。①「我去学校」(わたしは学校に行きます)と、⑤「我不去学校」(わたしは学校に行きません)を比較しましょう。二つの文の違いは「不」ですね。否定文のほうは、動詞「去」の前に「不」が入っています。

　以上の知識を活用して、次の問いに答えてください。

2. 次の意味を表わす中国語文を書いてください。
   ① 彼女は学校に行きますか

   ② 彼女は学校に行きません

3. 中国語では、「飲む」は「喝」と書きます。「水」は中国語でも「水」です。次の意味を表わす中国語文を書いてください。
   ① あなたは水を飲みますか

   ② わたしは水を飲みません

　ここまでに見たように、複数言語の芽はすでにあなたの中にあります。自分がすでにもっている知識と学習スキルをうまく活かしていくことで、次の言語学習がより効果的に進んでいくのです。

　欧州評議会言語政策局（2016:18）は、複数の言語を学ぶ能力は「すべての話者に内在する」もの、としています。そして、こうした能力は、**「複言語主義」**という考え方の一側面として説明されます。

　よく似たことばに**「多言語主義」**がありますが、「多言語主義」と「複言語主義」は考える単位が異なります。「多言語主義」が、社会や組織、機関の中に複数の言語がある状態や、それを肯定する態度であるのに対して、「複言語主義」は個人に注目します。複言語主義には、2つの側面があります。

能力としての複言語主義	すべての話者に内在する、単独でないし教育活動によって導かれて2つ以上の言語を用いたり、学んだりする能力
価値としての複言語主義	言語に対する寛容性を養い、その多様性を積極的に容認する基礎となる

（欧州評議会言語政策局 2016:18-19より）

　「価値としての複言語主義」について補足します。「言語に対する寛容性を養い」というのは、たとえば、日本語のバリエーションを受け入れる（変だ、下手だ、などと言って拒否しない）という意味です。

　また、欧州評議会言語政策局（2016:84）では、「個々人にとっては、言語は人生の質の向上や個人的な繋がりの増大、他文化の産物へのアクセス、精神の安定や個人的な達成に寄与するものである」とも、述べられています。複言語主義は、特別なだれかのためのものではありません。可能性は、わたしたちみんなの人生に開かれています。

● まとめ

この章で考えたことや気づいたことをメモし、自分のまとめも書いておきましょう。

● 参考文献・サイト

欧州評議会言語政策局(著), 山本冴里(訳)(2016)『言語の多様性から複言語教育へ――ヨーロッパ言語教育政策策定ガイド』くろしお出版.

人民网
　http://www.people.com.cn/　(2018年7月13日確認)

第18章

軍隊を持つ方言って？
言語バリエーション

● ウォーミングアップ 1

1. 近くの人とグループになって以下の質問に答え、AかBをやってください。

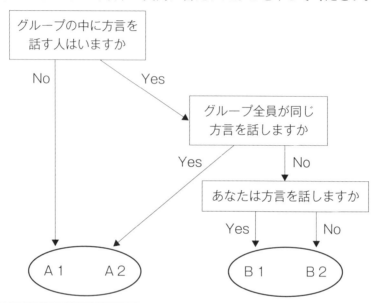

Aの場合	A1 聞いたことがある方言について紹介してください
	A2 あなたの方言以外で聞いたことのある方言について紹介してください
Bの場合	B1 あなたの方言を紹介してください ↓ B1 あなたの方言以外で聞いたことのある方言について紹介してください
	B2 聞いたことがある方言について紹介してください

2. 具体的にどのような要素によって「方言」だと判断しますか。

_____
_____
_____

3. ある人がある方言を話せるようになりたいと思って、その方言の単語や語尾、アクセント、イントネーションをがんばって学び、練習しました。ところが、実際につかったら「アクセントが違うね」と言われてしまいました。言われた人はどんな気持ちになると思いますか。また、「違うね」と言った人はどんな気持ちで言ったのだと思いますか。

言われた人の気持ち：＿＿＿＿＿＿＿＿＿＿＿＿＿＿＿＿＿＿＿＿＿＿＿＿＿
＿＿＿＿＿＿＿＿＿＿＿＿＿＿＿＿＿＿＿＿＿＿＿＿＿＿＿＿＿＿＿＿＿＿＿
＿＿＿＿＿＿＿＿＿＿＿＿＿＿＿＿＿＿＿＿＿＿＿＿＿＿＿＿＿＿＿＿＿＿＿

言った人の気持ち：＿＿＿＿＿＿＿＿＿＿＿＿＿＿＿＿＿＿＿＿＿＿＿＿＿＿
＿＿＿＿＿＿＿＿＿＿＿＿＿＿＿＿＿＿＿＿＿＿＿＿＿＿＿＿＿＿＿＿＿＿＿
＿＿＿＿＿＿＿＿＿＿＿＿＿＿＿＿＿＿＿＿＿＿＿＿＿＿＿＿＿＿＿＿＿＿＿

4. 2、3で書いた内容をグループやクラス全体でシェアしましょう。

　単語や語尾以外にも、アクセントやイントネーションが方言の特徴だという意見が出てきたかもしれません。たとえば、「ありがとう」を言ってみてください。地方によってアクセントが違いますね。関西の人たちは、4文字目の「と」の音だけ高くなると思います。皆さんの地域はどうですか。

　そして、一口に「方言を話す」といっても、人によって意味が違っていたかもしれません。自分自身が「話せる」と思っていても、その地域の人たちが「話せる」と認めてくれないということもあります。たとえば関西弁を例にすると、関西に住んだことはなく、親類や友だちにも関西弁を話す人がいない場合でも、多くの人が話の内容をだいたい理解し、それなりに準備すればある程度話すこともできるでしょう。しかし、見よう見まねで話した場合、「アクセントやイントネーションが違う」から「それは関西弁ではない」と言われるかもしれません。逆に、関西弁を話す人が、共通語の単語と語尾をつかい、関西弁のアクセントとイントネーションで話したなら、それも関西弁の一つと言ってもいいのでしょうか。もし、そうならば、「方言」にとって重要なのは単語や語尾や文法よりも「アクセントやイントネーション」であるということになるのでしょうか。

●ウォーミングアップ 2

　今度は、「言語バリエーション」について考えてみましょう。『新版日本語教育事典』の「日本語のバリエーション」の項で次のような解説があります。

> バリエーションとは――どの言語や方言にも、同じことを言うのに複数の言い方があるのが普通である。この、「同じことを言うための違った言い方」のことを、ことばのバリエーションという。ことばのバリエーションは、大きく分けて、①話し手がどのような属性をもつ人なのかということと、②どのような場において使うのかという、2つの観点から整理す

> るとわかりやすい。
>
> (『新版日本語教育事典』p.465より)

1. 「話し手がどのような属性をもつ人なのか」によって変わることばのバリエーションは、「属性によってことばづかいが変わる」と言い換えることもできます。
   家族や周囲の人たちなどを観察し、話し手の属性(性別、出身地、職業、年齢など)によってことばづかいが変わる例を挙げてみてください。

   _____
   _____
   _____

2. あなたは場面によってことばづかいをどのように変えていますか。

   _____
   _____
   _____

3. たとえば「日本語が話せない外国人」と話すとき、あなたはどのようなことに気をつけて話しますか。

   _____
   _____
   _____

言語バリエーションを「話し手や話す相手がどのような属性をもつ人なのか」で整理すると、次のようになります。

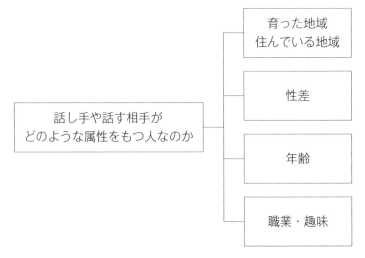

「どのような場で使うのか」「聞き手や読み手がだれなのか」で整理すると、次のようになります。

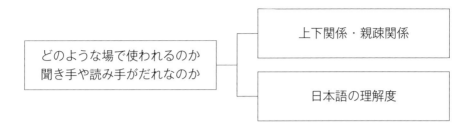

上下関係は年齢や役職・役割、社会的身分など客観的にわかりやすいものですが、親疎関係というのは「親しい間柄か、親しくない間柄か」という主観的なもので、心的な距離ともいえます。これら上下関係と親疎関係の組合わせによって、敬語を使うか、使わないか、また、どのように使うか、というバリエーションの多様さは、敬語の習得のむずかしさからも想像できますね。

そして、もう一つの「日本語の理解度」は、つまり、「あまり日本語が話せない外国人に、わかりやすく話す場合」です。これは「やさしい日本語」という形で、定住外国人への情報提供、教育機会の保障、地域社会との共通語としてさまざまな研究や取組みが行なわれてきているものです。

筆者の個人的な経験ですが、店員さんが「少々お時間いただけますでしょうか？」と言ったのが筆者の外国人の友人（日本語の初級レベル）にはわからなかったので、「少し待ってください、ということですよ」と言い換えたことがありました。店員さんとしてはお客さんに「少し待ってください」と言うのは失礼だと思ってのことでしょうが、敬意が下がった表現でも通じることを優先させたほうがよいケースもあるといえます。

●考えましょう 1

言語とは、陸軍と海軍を持つ方言のことである

1. このことばを聞いたことがありますか？　　　Yes ／ No

2. このことばは、どういう意味だと思いますか。全くわからない場合は推測して答えてください。

_____

_____

_____

「言語とは、陸軍と海軍を持つ方言のことである(A language is a dialect with an army and a navy.)」ということばは、現在のラトビアで生まれ、後年ニューヨーク市立大学で教鞭を執ったイディッシュ語学者・言語学者のマックス・ヴァインライヒ(Max Weinreich, 1893-1969)が広めたことばとされています。

日本の方言は大きく「東部方言」「西部方言」「九州方言」「琉球方言」の4つに分けられますが、2009年ユネスコは、日本ではアイヌ語、八丈語、そして南西諸島の6言語を合わせた8言語が「危機に瀕する言語」であると発表しました。この発表は、それまで「八丈方言」や「沖縄方言」と呼んで日本語の一方言とされていたものを、「八丈語」「沖縄語」というように、日本語とは独立した言語として位置づけた転換点と言えます。

そこで、「言語とは、陸軍と海軍を持つ方言のことである」を、「日本語」と「沖縄語」で考えてみましょう。明治時代、近代的な陸海軍がなかった沖縄語を話す集団は、近代的な陸海軍を持つ日本語を話す集団「大日本帝国」に組み込まれ、沖縄語は日本語の一方言に位置づけられるようになった、ということになります。

同じように、「沖縄語(沖縄本島中南部)」を話す集団を中心に15世紀に琉球王国が成立し、その琉球王国の軍事力の下、奄美群島の「奄美語」、沖縄本島北部の「国頭語」、宮古諸島の「宮古語」、八重山諸島の「八重山語」、与那国島の「与那国語」は琉球王国の一方言に位置づけられた、と考えることができます。

現代の日本語についても同じように考えてみましょう。なぜ九州のことばが「九州方言」として方言に位置づけられているのか、そしてそもそも「方言とは何か」ということを考えていくと、政治的、軍事的な面も絡んでくるものなのだと言えます。

●考えましょう 2

1. あなたはなにか「外国語(母語以外の言語)」を話せますか。　　Yes ／ No

2. あなたは日本語の方言を話しますか。　　Yes ／ No

3. 日本語母語話者が英語や中国語を話す場合、アクセントやイントネーションがネイティブスピーカーと違っていても基本的なコミュニケーションができていれば「話せる」と言うと思います。

　　しかし、方言の場合は、アクセントやイントネーションが違うと「話す」とは言わない場合があります。

　　この違いはなぜ生まれるか、考えて書いてみてください。

_____
_____
_____

4. 「外国語（母語以外の言語）」を話せる、または、方言を話す、と答えた人は「話せる／話す」の基準をどう考えたか、書いてください。

_____
_____
_____

　外国語（母語以外の言語）は、アクセントやイントネーションがネイティブスピーカーと違っていても、とにかく意味が通じて、コミュニケーションをある程度潤滑に進めることができれば、それは「その外国語を話すことができる」と言えます。

　外国人が日本語を話す場合も同じです。その理由は、外国人はそもそも日本語を話す集団のメンバーではない、仲間ではないから、アクセントやイントネーションは重要ではない、できなくてあたりまえ、というように考えるからではないでしょうか。

　一方、「どんなに相手のことばが違っていて理解できなくても、『方言』であればそれは日本語を話す集団の仲間」という言い方もできます。そして、「方言を話すかどうか」と言ったときに、アクセントやイントネーションまで完璧にこなせてようやく認められるのだとすると、それは「同じ日本語を話す集団の仲間なのだから、あなたなら本来完璧にできるはずだ」という意識がある、だからアクセントやイントネーションといった細かい部分の違いが気になってしまう、と考えることもできます。

　●考えましょう 1 で「言語とは、陸軍と海軍を持つ方言のことである」ということばを取り上げました。つまり、「言語」と「方言」に本質的な差はなく、政治的、軍事的に「どこからどこまでが仲間で、どこからがそうでないか」という違いがあるだけなのです。ですから、「言語」か「方言」かの基準は客観的にどこかにあるというものではなく、わたしたちの意識の中にだけ、あるものだといえます。

●考えましょう 3

『新版日本語教育事典』の「日本語のバリエーション」の項で次の解説があります。

> 生まれた場所によることばの違いは、いわゆる「方言」である。また、今後、日本に長期的に滞在し、かつ日本語母語話者と接触する機会の少ない外国人の数が増加すれば、日本語の非母語話者変種といったものが生まれてくる可能性がある。大阪市生野区に居住する高年層の在日コリアン一世が用いる日本語は、かつてこのようにして形成されたものである。
>
> (『新版日本語教育事典』p.465より)

今後は、中国、台湾、韓国といった東アジア以外、たとえば南米からの日系人をはじめ、さまざまな国からの人で形成される外国人コミュニティから生まれる日本語のバリエーションが増えることが予想されます。これら日本語のバリエーションを「方言」だと考えてみたうえで、次の設問に答えてください。

●設問

ある外国人が、日本語の単語や文法を一所懸命勉強し、アクセントやイントネーションについても毎日練習してきました。

しかし、実際に日本語を話して「イントネーションが違うよ」と言われたら、どんな気持ちになると思いますか。

また、「違うよ」と言った人はどんな気持ちで言ったのだと思いますか。

言われた人の気持ち：_____

_____

_____

言った人の気持ち：_____

_____

_____

今後、皆さんの地域にも多くの外国人が移り住み、共に働き、そして、その子どもたちも増えてくるかもしれません。その際、日本人に求められることの一つとして「不完全な日本語への寛容さ」が挙げられると思います。

見よう見まねで方言を話す人は滑稽に見えたりするかもしれませんが、もしかしたら、その人は必死に「地域社会の一員として溶け込みたい、仲間になりたい」と思って、方言について勉強して、毎日のようにその方言を話す練習を一人でしているのかもしれません。「仲間にな

りたい」と思ってそのコミュニティのことば(方言であったり、外国人にとっては日本語であったり)を学んでいる人たちに、どのような姿勢で向き合っていくかを、相手の立場に立って、真剣に考える時期に来ているのではないでしょうか。

● まとめ

この章で考えたことや気づいたことをメモし、自分のまとめも書いておきましょう。

● 参考文献・サイト

日本語教育学会(編)(2005)『新版日本語教育事典』大修館書店.
文化庁「ユネスコが認定した,日本における危機言語・方言の分布図」.
　http://www.bunka.go.jp/seisaku/kokugo_nihongo/kokugo_shisaku/kikigengo/pdf/bunpuzu.pdf　(2018年11月5日確認)

ミニワーク
− ちょっとした気づきのために −

アイスブレイク
－氷を溶かそう！－

1

初対面どうしの集まりは、みんな緊張しているものです。
そんなカチコチの心をほぐしてくれるのがアイスブレイクです。
話しやすい雰囲気をつくり、協力関係を築いていくためには、
まずはお互いに顔見知りになることが大切です。
そして少しずつ、好みや考え方を知っていきましょう。
同時に体も動かすとリラックスして、
さらにコミュニケーションがとりやすくなります。
授業の初めに行なうと効果的です。

ミニワーク 1-1

増える自己紹介

（目的：互いに名前と顔を覚え、知り合うことで、話しやすい雰囲気をつくる）

●やり方

一人ずつ順番に全員が名前を言っていく。
　1人目は「○○です」
　2人目は「○○さんの隣の△△です」
　3人目は「○○さんの隣の△△さんの隣の□□です」
というように、進むごとに名前がどんどん増えていく。

※名札を付けている場合は名前を隠してください。
※メモをとってはいけません。
※どうしても思い出せないときは、メンバーで助けてあげましょう。

ミニワーク 1-2

あなたはどっち派?

（目的：ほかの学習者の好みや価値観のおおよその傾向を知り、話すきっかけをつくる）

●やり方

司会者(教師)が挙げたテーマについて、A、Bどちらか自分の考えに近いほうを選び、移動してください。

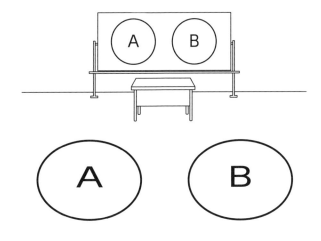

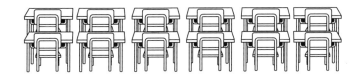

テーマ例

① 生活のパターンはどちらですか。
　A：朝型　　　　　　　　　　　　　　　B：夜型
② カラオケでは、どちらですか。
　A：歌う派　　　　　　　　　　　　　　B：聞く派
③ 占いや迷信を信じますか。
　A：信じる　　　　　　　　　　　　　　B：信じない
④ 将来住むなら、どちらがいいですか。
　A：都会　　　　　　　　　　　　　　　B：田舎
⑤ 休日の過ごし方はどちらが多いですか。
　A：親しい人たちとワイワイ過ごす　　　B：ひとりで静かに過ごす
⑥ ［自由にテーマを考えてみましょう］＿＿＿＿＿＿＿＿＿＿
　A：＿＿＿＿＿＿＿＿＿＿＿＿＿　　　B：＿＿＿＿＿＿＿＿＿＿＿＿＿

ミニワーク 1-3

仲間を探そう

（目的：好みや考えが同じ人を見つけて、話すきっかけにする）

●やり方

司会者（教師）が挙げたテーマについて、自分の答を言いながら、同じ答の人とグループをつくってください。

テーマ例

① 新婚旅行で人気の場所といえば？
② 中華料理といえば？
③ 夏といえば？
④ 東京の電車といえば？
⑤ 日本の観光地といえば？
⑥ お寿司のネタといえば？
⑦ 「う」のつく食べ物といえば？
⑧ ［自由にテーマを考えてみましょう］

ミニワーク 1-4

聞こう話そう

(目的：おしゃべりをすることで心を解放し、意見交換しやすい雰囲気をつくる)

● やり方

教師から与えられたテーマについて、グループ内で各自1分程度話してください。

一つのテーマについてグループ全員が話し終えたら、次のテーマに移って同じように話してください。

テーマ例

① 何をしているときがしあわせですか。
② この1週間で楽しかったことは何ですか。
③ 口癖は何ですか。
④ ふだん、頭の中をいちばん占めていることは何ですか。
⑤ 最近、感動したことは何ですか。
⑥ 今日が地球最後の日だとします。最後の食事に何を食べたいですか。
⑦ 10万円の臨時収入が入ったら、何につかいますか。
⑧ ［自由にテーマを考えてみましょう］

ダイバーシティに気づこう！

ミニワーク 2-1

いろいろなあいさつ

（目的：自分のビリーフを自覚し、ダイバーシティを受け入れる）

● 設問

① 世界中を見渡せば、いろいろなあいさつがありますね。あなたはどのようなあいさつを知っていますか。

② 朝起きてから夜寝るまで、日常生活であなたがするあいさつは？

③ 特定の時期や場所で行なわれるあいさつは？

④ ゲームをしてみましょう。（ゲームの内容については指示が出ます。）

⑤ ゲームをした感想は？

　人それぞれがもっている常識は違います。わたしたちは、ともすると自文化（自分の文化）を物差しとして他文化（ほかの人の文化）を判断してしまったり、自分の常識を基準にほかの人の行動を批判してしまったりします。多くの人はその状態に気づきません。
　これは、自分たちの文化や常識は数ある文化や常識の一つにすぎないということを実感するためのゲームです。自分の文化や習慣を客観視し、お互いに理解し合う姿勢が大切だということを認識しましょう。

ミニワーク 2-2

プレゼントゲーム

（目的：価値観の違いを楽しむ）

● 設問

> あなたは、恩師の退職記念パーティーに出席します。先生はご夫婦二人でお住まいですが、パーティーには先生のみで出席されます。
> 先生の家は会場から電車で30分、駅から家までは徒歩5分とのことです。

① あなただったら、どんなプレゼントを用意しますか。
（みんなでプレゼントをするのではなく、あなた一人で贈ります。）

② 理由を書きましょう。

③ みんなで輪になり、何をプレゼントするか、順番に発表しましょう。

④ 似たようなプレゼントを選んだ人がいたら、近くに移動しましょう。

⑤ なぜそれを選んだかを順番に発表しましょう。

人それぞれに違った価値観があることを、あらためて認識できたのではないでしょうか。
人はそれぞれ違って当然。
ぜひ、違いを楽しんでください。

いろいろな価値観があることを楽しもう！

ミニワーク 2-3

わたしの大切

（目的：自分にとって何が大切かをあらためて考え、行動につなげる）

● 設問

① あなたにとって大切なことを優先度の高い順に10個書き出してみてください。
（10個以下でも、10個以上でも、思いつくだけ書いてください。）

・_____　　・_____
・_____　　・_____
・_____　　・_____
・_____　　・_____
・_____　　・_____

② 書き終わったら、ペアやグループで見せ合ってみましょう。共通のものがありましたか。

③ ①で書き出したリストを、今優先している／時間をかけている順に並べ替えてください。

1 _____　　2 _____
3 _____　　4 _____
5 _____　　6 _____
7 _____　　8 _____
9 _____　　10 _____
11 _____　　12 _____

④ ①と③の結果を見てください。優先順位が高いものを大切にできていますか。各自で考えてから、ペアやグループで話しましょう。（触れたくない内容は話さなくていいです。）

⑤ 次は、下のことばの中から、あなたの人生にとって大切だと思うものを3つ〜5つ程度選んでください。リスト以外にも大切だと思うことばがあれば、書き足してください。書いたら、グループで見せ合いましょう。

・優しさ	・賢さ	・強さ	・楽しさ	・美しさ	・穏やかさ
・誠実さ	・まじめさ	・勤勉さ	・謙虚さ	・すなおさ	・正直さ
・健康	・好奇心	・行動力	・努力	・創造性	・想像力
・ユーモア	・名誉	・地位	・富	・自信	・自立
・直観	・経験	・人間性	・信頼	・自由	・落ちつき
・知識	・多様性	・説得力	・愛情	・勇気	・友情
・思慮	・刺激	・成長	・安定	・リーダーシップ	
・	・	・	・	・	

⑥ ⑤で選んだものを実現させたり もっと大切にするためには、具体的にどんなことをすれば よいと思いますか。

⑦ このワークを通して、気づいたことや発見したことを書いておきましょう。

　仕事や家族、趣味など、多くの人が共通に大切にしているものがあると思いますが、その優先順位は必ずしも一致しません。
　たとえば職場の仲間もあなたも「仕事」を大切に思っているとしても、その優先順位が異なる場合があるはずです。そうすると、仕事につかう時間や熱意はそれぞれ微妙に違ってきます。仲のよい家族でも、友だちでも、ひとりひとり価値観は違うものです。その違いを認められず、押しつけ合うことで、いざこざが起きてしまうことがあるのではないでしょうか。また、だれかの価値基準に自分を合わせようとがんばっても、無理が生じてストレスがたまります。重要なのは、自分の価値観の中で譲れるものと譲れないものとを明確にし、それを大切な人に伝えること、また、人にはそれぞれの価値観があると理解することです。
　このワークは、自分が何を大切に思っているのか、そしてふだんの生活でその優先順位に忠実に行動しているのかを、あらためて考える機会になるでしょう。もし、優先順位が高いのにあとまわしにしてしまっていることがあるなら、今日から意識を変えて行動してみてください。

ミニワーク 2-4

食品ピクトグラム

（目的：食についての情報の重要性に気づく）

● 設問

① 上の絵は何だと思いますか。

② もし、あなたにどうしても食べられないもの（単なる好き嫌いではなく）があってしかもメニューを見てもよくわからない場合、どんな気持ちになりますか。

③ このような「絵／記号」は、どんな所で、どんな人にとって役立つでしょうか。
　［どんな所］
　［どんな人］

④ このような「絵／記号」をピクトグラムと言いますが、これ以外にどんなものがあると便利だと思いますか。話し合ってみましょう。

　海外に行ってレストランのメニューが読めない、なんとか注文したものの予想した食べ物とは違ったものが運ばれてきた…このような話は土産話としてよく聞きますね。多くの場合、旅の一つの思い出として、笑いの提供ネタになるでしょう。

　しかしこれが、健康にかかわるアレルギーの問題や、心理的負担ともなりうる宗教的な問題となると、笑ってすまされる問題ではなくなります。航空会社のホームページを見てください。いろいろな背景をもった人たちが乗る可能性が高い飛行機では、あらゆる人びとに対応した食事が提供されるようになっています。

　さて、日本に来た外国人が困ることの一つが、この食事問題です。文字が読めないことによるメニュー解読の困難さ、さらに実際にどんな食材が使われているかわからないことへの不安…。これはなにも日本語が苦手な外国人だけに限りません。日本語が問題なく理解できる人、あるいは日本語母語話者であっても、食材についての不安を抱えている場合があります。

　そこで、あらゆる人に安心して食事をしてもらおうと考え出されたのが、食品ピクトグラムです。先ほどの絵は、宗教的な禁忌やアレルギー食材として代表的なものをピクトグラムとして表わしたものです。

　この絵が使われたメニューを見ればどんな食材が使われているかが一目でわかるため、安心して食事ができるというわけです。

　実はこのピクトグラム、宗教的な事情や健康に不安のある日本語が苦手な人だけではなく、文字が読めない子どもや、細かい文字が読めなくなったお年寄りにとってもたいへん役立つそうです。

　わたしたちは情報の渦の中にいます。しかし、その情報にアクセスできない人がいることに気づかないことも多々あります。日常生活の中で「情報の取得」ということについて考えるきっかけとしてください。

ミニワーク 2-5

タイムゲーム

（目的：行動にはすべて理由があることを知る）

● 設問

> あなたのクラスメートがホームパーティーを開きます。夜7時にスタートすると聞いています。

① あなたは何時何分にクラスメートの家に行きますか。
　　　　　　　時　　　　　　　分

② 理由を書きましょう。

③ 早い時間を書いた人から順に、一列に並んでください。

④ 一人ずつ、理由を発表してください。

　かなり早めに行く人、少し早めに行く人、時間ぴったりに行く人、少々遅れぎみに行く人…、日本人どうしでこのゲームを行なっても到着時間にかなりばらつきが出ます。外国人が入ったらなおさら…。

　このゲームで大切なのは、いつ到着しようが、それぞれ「理由」があるということを理解することです。早く行く人にはそれなりの理由が、遅刻をする人にもそれなりの理由が…。つまり、いろいろな違いが生じることはこの社会ではあたりまえ。それを自分の理論だけで勝手に腹を立てたり、いらいらしたりするのはエネルギーのむだづかいのような気がするのです。相手にもなんらかの理由があるのだということに少し思いをめぐらせるだけで、穏やかな心が保てますし、平和な状態がつくれます。

　相手を責めるのではなく、相手の理由を想像すること…これも異文化理解に欠かせない心持ちです。

自分の価値観を客観視しよう！

ミニワーク 3-1

◯◯らしさ

（目的：知らないうちにもっているバイアスに気づく）

● 設問

① 下の人たちはそれぞれ大学のサークルのリーダーです。この人たちをほめるときのことばを考えてみましょう。

② どのような「ほめことば」があるか、グループで話し合い、気づいたことがあれば共有しましょう。

　社会によって男性をほめるときに多く使われることば、女性をほめるときに多く使われることばがあるようです。

　たとえばニュースなどでの人物紹介等、ぜひ気をつけて聞いてみてください。

日本では事故等の死亡者に関する生前の情報として、男性を表わす場合「リーダーシップがある」「冒険心がある」「活動的」「決断力がそなわっている」等のことばがよくみられます。女性を表現する場合は「控えめ」「気がきく」「きめ細やか」「穏やか」等のことばが並びます。以前よりは少なくなってきてはいるものの、男性はこうあるべきだ、女性はこうあるべきだ、という固定観念が社会には潜在的にあるようです。

　このアクティビティはそのような固定観念をもつことがよい悪いというのではなく、わたしたちの社会にはそのような固定観念があるということを意識してもらうものです。また、このような固定観念で評価されることを不快に感じる人が外国人には多くいるでしょうし、外国人だけではなく日本人にもいるということを知っておくのもよいかもしれません。

　さて、作家の山内マリコ氏が、2017年8月21日付 日本経済新聞の夕刊「プロムナード」で、興味深いことを伝えています。

　米国P&G社が公開したプロモーション動画の話ですが、「女の子らしく走ってみて」と指示された際の走り方を披露しているらしいのです。おとなの男女や少年たちは全員、手足をばたつかせ、おかしな走り方をするそうです。ところが「女の子」たちは、全力で走るとのこと。「女の子らしく走るってどんな意味？」という問いかけに、一人の女の子は「できるだけ速く走るって意味」と答えます。以下、続きの記事の引用です。

> 「思春期になり、『もっと女の子らしくしなさい』と言われるようになると、少女たちは自信をなくし、縮こまって、力をセーブしてしまう。『女の子らしく』に含まれた、控えめにすべしといったニュアンスを嗅ぎ取って、自分の中に植え付ける。やがて、『女の子らしく』を嘲笑うようになる。
> 　その事実を知らされた女性たちは、大きなショックを受け、『女の子らしさ』にまとわりついていた偏見や、内なる差別を捨て去る。この動画の狙いは、まさにそこだったのだ。」

　国語教科書の中で紹介されている文学作品にも、固定的なジェンダー描写があるという報告があります（第11章参照）。「女性については、『かわいい』、『美しい』など、容姿の紹介が少なくなく、それが重視されることを暗示している」とのことです。「おかっぱのかわいい女の子」という表現に対し「元気そうな男の子」と言うのも一例です。さらに「お母さんが台所で夕ご飯の後かた付け」「お父さんはとまり番で帰ってきません」と言った描写もあるようです。（木村 2014）

参考文献

木村松子(2014)「教材と教材解釈」河野銀子・藤田由美子(編著)『教育社会とジェンダー』学文社.

『日本経済新聞』2017年8月21日, 夕刊「プロムナード」.

ミニワーク 3-2

学校の先生になろう

（目的：「あるべき子どもの姿」に縛られていないかを考える）

● 設問

① あなたは小学校の教師です。休み時間にいつもひとりで過ごしている子どもの親との面談に臨みます。親に言うせりふの続きを自由に考えて書いてください。

〇〇ちゃん／くんは休み時間にいつもひとりで本を読んでいます。

_____
_____
_____
_____
_____
_____
_____
_____

② ①で書いたことについて、グループで話し合いましょう。

③ もう一度、ほかにどんなせりふがありうるか、ひとりでじっくり考えてください。

_____
_____
_____
_____
_____

④ 再びグループで話し合いましょう。

　「子どもはこうあるべきだ」と決めつけていなかったかどうかを考えることによって、ほかにも知らず知らずのうちに人を枠にあてはめるような行動をとっていなかったかどうか考えるきっかけを作るアクティビティです。

　多くの人は、ひとりでいることを心配して、友だちと遊ぶように促す傾向にあります。そこには「休み時間をひとりで過ごすべきではない」という決めつけが入っています。しかし、ひとりでいるのがここちよい子もいるかもしれません。全員が同じことをしなければならない、というのもひとつの決めつけなのかもしれません。

　「こうあらねばならない」という枠が苦痛な人もいます。これを学校ではなく社会に置き換えてください。「日本社会ではこうあらねばならない」という枠が、もしかして人びとを束縛しているかもしれないのです。

　ただし、そのような枠が社会によって作られたのには、やはりなんらかの事情があるはずです。たとえば、まわりの人と協力できる人間に育つためには幼少時から友だちと過ごす時間をもつべきだ、というような考えです。

　このような話し合いを進めて、ぜひ自分自身の考えを発展させていってください。

ミニワーク 3-3

代表選考委員会

(目的：多文化社会であることを意識したうえで、代表を選ぶ基準を考える)

●設問

1. あなたは来年の「ミス[ミスター]〇〇」大会の代表一人を決める選考委員になりました。どのような基準で代表を選ぶとよいと思いますか。

   (「女性の性を商品化している」「美醜で優劣に対する評価はできない」など、さまざまな理由から「ミス[ミスター]コンテスト」開催に反対の人もいると思います。そういう場合は「性別に関係なく代表を決める」「容姿の基準は設けない」など、自分たちで「これならよい」と思える選考基準を決めてください。)

① まず一人で考えてみてください。その基準にした理由や選考の方法も考えましょう。
   [選考基準] _____
   [理由] _____
   [選考の方法] _____

② ①についてグループで検討して、グループとしての選考基準を決めてください。
   [選考基準] _____
   [理由] _____
   [選考の方法] _____

③ ②をクラス全体に発表しましょう。ほかのグループの選考基準や選考の方法でよいと思ったもの、よくないと思ったものをメモしておきましょう。

	よいと思ったもの	よくないと思ったもの
選考基準		
選考の方法		

2. 以下は、「ミス・ユニバース・ジャパン2018(東京大会)」の応募資格と選考基準です。

> **応募資格**
> 2018年1月1日の時点で、年齢18歳以上28歳未満であること。
> 日本国籍(パスポート)をお持ちで未婚の女性(婚姻経験無し、出産経験無し)であること。
> 過去のミス・ユニバース日本大会に、ファイナリストとして出場した経験が無いこと。
>
> **選考基準**
> 外見の美しさだけではなく、知性・感性・人間性・誠実さ・自信などの内面も重視され、社会的に積極的に貢献したいという社会性を備えた"オピニオンリーダー"になれるかどうかも重要ポイントです。
> 世界80ヶ国以上から集まる各国の代表と対等に戦えるグローバルな女性を求めています。
>
> (参考：https://muj-tokyo.com/entry/)

　あなたはこの選考委員の一人です。代表一人を決める最終選考で、委員会の意見が分かれました。それは、有力候補の一人が、お父さんがイタリア人、お母さんが日本人の"ハーフ"だったからです。彼女は日本国籍で、応募資格もすべて満たしていますが、髪の毛と瞳が茶色で、一見"日本人"とは思えない容姿をしています。そこで「日本の代表としてはふさわしくない」という意見が出ました。あなたはどう思いますか。まず一人で考えてみてください。その後グループで意見を出し合って、彼女を代表にするかどうか最終決定をしてください。

3. このワークを通して、気づいたことや発見したことを書いておきましょう。

2015年のミス・ユニバース世界大会の日本代表に選ばれた宮本エリアナさんは、お父さんがアメリカ人、お母さんが日本人の"ハーフ"です。彼女は長崎で生まれ育ちましたが、「外見が日本人らしくない」「ハーフは日本人ではない」という理由で、「ミス日本代表として選ぶべきではない」という批判が起きました。「世界のミスコンテストは、各国のステレオタイプを求めるものだから、皆がその国らしいと感じられる人を選ぶべき」という意見もありますが、一方で「日本もグローバル化していく中で、多様な人がいることを認めるべき」という意見もあります。また、スポーツに関しても、"ハーフ"や外国籍の選手、帰化した人などが日本の代表になることに対して、さまざまな意見があります。

　アメリカでは、次のようなことも起きています。とあるミュージカルで、主人公の白人の少女の役をアジア系女優が演じることになったのですが、それに対してひどい反対の声が起きたのです。容姿が白人とは違うからという理由でした。それとは逆に、有色人種の役を白人が演じる"ホワイトウォッシング（白く塗る）"も批判の対象になっています。

　われわれは、社会でつくられた「ステレオタイプ」に影響をうけ、「〇〇はこうあるべき」と思い込んでいることがあります。「〇〇」に必要な要素は外見でしょうか、考え方でしょうか、思いでしょうか。あらためて考えるきっかけにしましょう。

●参考文献

五味政信・石黒圭（編著）（2016）『心ときめくオキテ破りの日本語教授法』くろしお出版.

ミニワーク 3-4

常識ってなんだろう？

（目的：ジェンダーバイアスに気づく）

● 設問

下の話を読んでください。

> ある日、お父さんと息子と娘が飛行機に乗って旅行に出かけました。ところがたいへん不運なことに、飛行機事故にあってしまいました。お父さんは即死、息子と娘は意識不明の重体で、救急搬送され緊急手術を受けることになりました。
> 病院到着後、息子と娘は直ちに手術室に運ばれ、すぐにそこへ外科医が入ってきましたが、その外科医は患者を見て言いました。
> 「わたしは執刀できません。この子たちはわたしの子どもですから」

① これはいったいどういうことか、声には出さず、自分だけで考えてください。

_____
_____
_____

② ①についてグループで話し合いをしましょう。

　これは、ジェンダーにまつわる思い込みに気づくアクティビティです。
外科医と聞いて「男性」だと考える人が多いようです。しかし、この話に出てくる外科医が女性であり、この子たちの母親だと考えれば特に不思議ではありません。
　「これがなんの問題なの？」と思った人は、ジェンダー意識が偏っていない人だと考えられます。また「なぜ？」と深く考え込んだ人は、職業に関してジェンダー意識が強いのかもしれません。わたしたちの中には、知らず知らずのうちに染み込んだ潜在意識があるということを理解しましょう。

ミニワーク 3-5

「中立的なことば」って何？

（目的：ふだん何気なくつかっていることばの中に、差別の意味を含む表現があることに気づく）

● 設問

下の表は、「放送禁止用語」と言われているものの一部です。

A ことば	B 理由	C 言い換え
① 営業マン		
② カメラマン		
③ 婦人警官		
④ 助産婦		
⑤ 父兄		
⑥ 女房役		
⑦ メリークリスマス		
⑧ 片手落ち		
⑨ めくらめっぽう		
⑩ 土方（どかた）		
⑪ しりぬぐい		
⑫ （大学受験の）足切り		
⑬ お灸（きゅう）をすえる		
⑭ 将棋倒しになる		

1. A列の①～⑭のことばが放送禁止用語となっている理由をア～キから選び、B列に書き込んでみましょう。

> ア．男女差別につながる
> イ．職業差別につながる
> ウ．障がいのある人に配慮して
> エ．特定の宗教以外の宗教に配慮して
> オ．不快感を与える／語感が強すぎる
> カ．東京都はり・きゅう・あん摩マッサージ指圧師会からの要請
> キ．将棋連盟からの要請

2. 次に、①～⑭をどのように言い換えればよいか考えて、C列に書いてください。

いかがでしたか？ 最近はあまり聞かなくなったことばもあるので、言い換えたほうしか知らない人もいるかもしれません。また、これまで普通につかっていて、なぜ禁止なのかわからないことばもあったかもしれません。

3. 前ページの表の①〜⑭以外で、「差別的」「つかわないほうがいい」と考えられていることばには、どんなものがあるでしょうか。

A ことば	B 理由	C 言い換え

4. 「放送禁止用語」や「差別的な表現」を知っておくことのメリットは何でしょうか。

_____
_____
_____
_____
_____

「放送禁止用語」は、各メディアがそれぞれ自主規制しているものであって、法律で決められているものではありません。聞き手や読み手に不快な気持ちを与えないよう、それぞれが配慮したことばということです。しかし、メディア業界だけでなく、われわれも知っておくべきものです。日常、「悪意のつもりはなく」つかってしまうことばでも、そのことばで深く傷ついたり、いやな気持ちがしたりする人がいることに対して、できるかぎりの想像力をもつことがとても大切なのではないでしょうか。自分の発言に責任をもとうとする意識が重要なのです。どんなことばや行動が摩擦や衝突をまねくことになるのかを事前に知識として知っておくと、それらを防ぐ手立てになります。

　不用意な発言や態度が「知らなかった」「悪意はなかった」ではすまされず、国際的な問題として取り上げられることもあります。まずは知ることから始めたいものです。

5.「放送禁止用語」「差別的な表現」に敏感になりすぎると、どのような問題が起きるでしょうか。

受け取る側	
話す側	
社会全般	

　あることばに差別や偏見が含まれていないかにこだわるあまり、人の発言に過敏になったり、揚げ足を取って非難したりすることがあります。このような反応が過剰になると、言論の自由が奪われかねません。「ことば狩り」と言われることもあります。

　ところで、「座頭」ということばを知っていますか。「座頭」とは、江戸時代に用いられた「盲目の人」の呼称です。そして、「ザトウクジラ」という動物の「ザトウ」は「座頭」から来ているという説があります。その姿が、琵琶をかついだ座頭に似ていること

からつけられたという説なのですが、この「ザトウ」が差別的だから用語を変えるべきという動きもあるそうです。このように、われわれが由来を知らずにつかっていることばも、突きつめて考えると差別的な要素が含まれている場合があるのですね。もしそこを掘り返していってしまうと、つかえないことばがたくさん出てきて、自由に発言することがこわくなってしまうかもしれません。

　そして最も注意すべきは、「ことばを置き換えればそれでよい」という考えです。いくら表現を変えても、つかっている人の中に差別の気持ちがあれば、それは意味をなしません。岡本(2009)は次のように言っています。

> 「タブーとされることばを、当たりのよいことばに置き換えることで、本当の問題を覆い隠して、汚いものや理不尽なことを直視しなくなってしまうことは否定できない。差別語の言い換えはこのレトリックによって、意味を柔らかにしたことばをつかっていることで、自分は差別をしていないし、差別もない、という錯覚をおこしてしまうことにある」

　ことばは、人を傷つけるものにも励ますものにもなりえます。できるだけよいほうに使いたいですね。

6. このワークを通して、気づいたことや発見したことを書いておきましょう。

● 参考文献

岡本佐智子(2009)「『不適切な』日本語表現考」『北海道文教大学論集』第10号, pp.63-73.

索　引

Iメッセージ	21
アグレッシブ	17
アサーション	17
アサーティブ	17
イスラム教	44
異文化間ソーシャルスキル	3
エスノセントリズム	10
カミ	43
CALP	96, 97
寛容性	9
キリスト教	44
言語バリエーション	128
口話法	111
ことばのバリアフリー	105
ことばのユニバーサルデザイン	105
ジェンダー	159
ジェンダーバイアス	159
自然宗教	42
手話	110
ステレオタイプ	77, 85
ゼノフォビア	10
創唱宗教	42
ソーシャルスキル	3
第三者返答	37
多言語主義	124
多言語情報	101
多文化主義	5
単一言語主義	111
聴者	110
DESC法（デスク法）	20
手指日本語	110
同化	5
読話	110
ナショナリズム	83-85
ナショナル・アイデンティティ	36
二重の単一言語主義	117
日本語対応手話	110
日本手話	110
NIMBY	70
ノン・アサーティブ	17
バイアス	152, 159
バリアフリー	64
ピクトグラム	149
BICS	96, 97
複言語主義	124
文化本質主義	77
方言	127
ホワイトウォッシング	158
本質主義	77
マイクロ・アグレッション	52
マイノリティ	56
マジョリティ	56
ミックスルーツ	36
モノリンガル主義	111
八百万の神	45
やさしい日本語	102
ユダヤ教	44
ユニバーサルデザイン	64
ルーツ	92
ろう者	110

編著者紹介

> 編 著

有田佳代子(ありた かよこ)：第5章、第11章、第14章、第15章
　帝京大学日本語教育センター教授。博士（学術・一橋大学）。専門は日本語教育史、多文化共生論、言語政策。著書は『移民時代の日本語教育のために』（くろしお出版）、『日本語教師の「葛藤」—— 構造的拘束性と主体的調整のありよう』（ココ出版）、『日本語教育はどこへ向かうのか —— 移民時代の政策を動かすために』（共著、くろしお出版）など。

志賀玲子(しが れいこ)：第4章、第6章、第8章、第13章、ミニワーク（2-1、2-2、2-4、2-5、3-1、3-2、3-4）
　武蔵野大学グローバル学部教授。博士（学術・一橋大学）。専門は日本語教育学、日本語教員養成、多文化共生論。共著に『「やさしい日本語」表現事典』（丸善出版）、『中学生のにほんご』（スリーエーネットワーク）、『日本語教育能力検定試験完全攻略ガイド』（翔泳社）、『日本語教師のための 実践・作文指導』（くろしお出版）など。

渋谷実希(しぶや みき)：第1章、第2章、第3章、第7章、第9章、ミニワーク（1-1、1-2、1-3、1-4、2-3、3-3、3-5）
　一橋大学大学院、東京大学、津田塾大学非常勤講師。一橋大学大学院言語社会研究科修士課程修了。修士（学術）。専門は言語教育の教室活動、コミュニケーション教育。現在は日本語教育、日本語教員養成に携わる。共著に『会話の授業を楽しくする コミュニケーションのためのクラス活動40』（スリーエーネットワーク）、『日本語教師のための 実践・作文指導』（くろしお出版）、『プレゼンテーションの基本 協働学習で学ぶスピーチ —— 型にはまるな、異なれ！』（凡人社）など。

> 共同執筆

新井久容(あらい ひさよ)：第12章
　早稲田大学、青山学院大学非常勤講師。早稲田大学日本語教育研究科、University of Kent at Canterbury, MA in International Relations 修了。修士（日本語教育学、国際関係学）。論文に「国際問題と〈個人的な経験〉を結びつける —— 学習者が主体的に考えるための教育実践 ——」『早稲田日本語教育実践研究』第8号 など。

新城直樹(あらしろ なおき)：第10章、第18章
　琉球大学国際教育センター留学生ユニット講師。専門はレトリック、教育工学、方言研究。早稲田大学文学研究科日本語日本文化専攻修士課程修了。修士（文学）。共著に『なにげにてごわい日本語』（すばる舎）、『わかりやすく書ける作文シラバス』（現場に役立つ日本語教育研究3、くろしお出版）など。

山本冴里(やまもと さえり)：第16章、第17章
　山口大学国際総合科学部准教授。日本およびフランスの複数の教育機関を経て現職。早稲田大学で博士号（日本語教育学）取得。専門は日本語教育、複言語教育。特に興味のある概念は「境界」と「周縁」。著書に『世界中で言葉のかけらを —— 日本語教師の旅と記憶』（筑摩書房）、『戦後の国家と日本語教育』（くろしお出版）、『複数の言語で生きて死ぬ』（編著、くろしお出版）。共著多数。

多文化社会で多様性を考えるワークブック

| 2018年12月28日　初版発行 | 2025年4月11日　7刷発行 |

編著者● 有田佳代子（ありた　かよこ）
　　　　志賀　玲子（しが　れいこ）
　　　　渋谷　実希（しぶや　みき）
著　者● 新井　久容（あらい　ひさよ）
　　　　新城　直樹（あらしろ　なおき）
　　　　山本　冴里（やまもと　さえり）

KENKYUSHA
〈検印省略〉

Copyright © 2018 by Kayoko Arita, Reiko Shiga, Miki Shibuya, Hisayo Arai, Naoki Arashiro, Saeri Yamamoto

発行者　吉田尚志
発行所　株式会社　研究社
　　　　〒102-8152　東京都千代田区富士見 2-11-3
　　　　電話　営業 03-3288-7777（代）　編集 03-3288-7711（代）
　　　　振替　00150-9-26710
　　　　https://www.kenkyusha.co.jp/

装丁デザイン● 株式会社　明昌堂（相羽裕太）
本 文 組 版 ● 株式会社　明昌堂（梅田理恵）
印刷所● TOPPANクロレ株式会社

ISBN 978-4-327-37745-8　C1036　　　Printed in Japan

本書の無断複写（コピー）は著作権法上での例外を除き、禁じられています。
また、私的使用以外のいかなる電子的複製行為も一切認められておりません。
落丁本・乱丁本はお取り替えいたします。ただし、古書店で購入したものについてはお取り替えできません。